Mehr Zeit für Kinder –
der Name als Programm

In unserer leistungsorientierten Gesellschaft geraten Kinder und ihre Bedürfnisse allzuleicht in den Hintergrund. Während die „Großen" versuchen, ihrer oft nicht einfachen Stellung in der Erwachsenenwelt gerecht zu werden, scheinen kindliche Verhaltensweisen immer weniger mit dieser Realität vereinbar zu sein. Aber: Kinder wollen ernst genommen werden. Sie fordern von uns mehr Aufmerksamkeit, mehr Gemeinsamkeit und mehr Zuwendung. Mit seiner Arbeit fördert der Verein Mehr Zeit für Kinder das Miteinander von Kindern und Erwachsenen. Die Aktivitäten reichen von Mitmach-Veranstaltungen bis hin zu Publikationen und vermitteln überzeugend, daß gemeinsames Spielen Kindern und Erwachsenen gleichermaßen Freude bereitet.

Die graphischen Betriebe Mohndruck in Gütersloh besorgten die umweltgerechte Auswahl der Materialien und die Herstellung dieses Buches. Mohndruck wurde mit dem BDI-Umweltpreis 1992 für umweltgerechte Unternehmensführung ausgezeichnet.

Dieses Buch wurde auf „S-Print" von Matussière & Forest (Frankreich) gedruckt. Es handelt sich um Recyclingpapier aus 100% Altpapier mit einer leichten Pigmentierung.

Umschlagillustration: Cornelia Funke-Frahm
Layoutkonzeption und Illustration: Tobias Borries
Redaktion: pestalozzi-team

Printed in Germany
ISBN 3-614-53891-5
5 4 3 2 1

Das Umweltbuch

Spiele, Tips und Geschichten rund um den Umweltschutz

BUNDjugend
Jugend des Bund für
Umwelt und Naturschutz
Deutschland e.V.

PESTALOZZI-VERLAG, ERLANGEN

VORWORT

Kinder und der Umweltschutz
Wie kommt ein Verein, der es sich zur Aufgabe gemacht hat, das Miteinander von Kindern und Erwachsenen zu fördern, auf die Idee, ein Umwelt-Buch herauszugeben? Die Antwort liegt auf der Hand: Kinder reagieren sehr sensibel auf die zunehmende Zerstörung unseres Lebensraumes, denn schließlich müssen sie in der Welt von morgen leben. Den Sorgen der Kinder stehen viele Eltern ratlos gegenüber. Resignation und Hilflosigkeit lähmen die Bereitschaft zum Handeln. An diesem Punkt setzt das vorliegende Buch an. Es will Kinder und Erwachsene motivieren, sich gemeinsam für den Schutz unserer Umwelt zu engagieren. Dabei sollen keine Ängste geweckt, sondern Handlungsmöglichkeiten aufgezeigt werden. Wir haben die Erfahrung gemacht, daß sich das Thema Umweltschutz am besten spielerisch vermitteln läßt. Wir wollen nicht mit dem pädagogischen Zeigefinger drohen, sondern das Problembewußtsein auf spielerische Weise schärfen.

Im Mittelpunkt des Buches steht die Frage, was wir gemeinsam tun können, um einen Beitrag zum Schutz unserer Umwelt zu leisten. Eine solche „Politik der kleinen Schritte" ist aus pädagogischer Sicht die sinnvollste Art, umweltverantwortliches Handeln zu üben.
Aus unseren positiven Erfahrungen mit dem Umwelt-Theater ist zunächst die Idee entstanden, die Geschichte des Theaterstücks in Form einer Broschüre herauszugeben. In ihr erzählen Rita Ratte, Manfred Maulwurf und andere Tierfiguren des Umwelt-Theaterstücks „Hügeldreck und Erdlochmist" des Vereins Mehr Zeit für Kinder über ihre Erfahrungen mit der Umweltverschmutzung. Die Geschichte endet mit einem Appell der Tiere an die Kinder, aktiv zu werden.

Die zahlreichen Zuschriften von Kindern aus ganz Deutschland bestätigen unser Konzept. Die Kinder haben uns ihre Tips zum Umweltschutz gemalt, aufgeschrieben und sogar in Verse gebracht. Einige Auszüge aus den Zuschriften der Kinder haben wir in das Kapitel „Umweltschutz im Alltag – Kinder geben Tips" aufgenommen.
Einer Umfrage zufolge, die der Mehr Zeit für Kinder e.V. am Kindertag im Juni 1992 unter 15.000 Kindern durchgeführt hat, möchten 89% der Befragten der Umwelt helfen. Jedes zweite Kind würde sogar einen Teil seines Taschengeldes zum Schutz der Natur abgeben.
Diese Ergebnisse haben uns in unserem Vorhaben bestärkt, ein Umwelt-Buch für Kinder und Erwachsene zu entwickeln.

Mitherausgeber und kompetenter Partner ist die BUNDjugend, die Jugendorganisation des Bunds für Umwelt und Naturschutz. Neben der ökologischen Beratung hat sie die Gestaltung der Kapitel „Heiße Fährte - der Natur auf der Spur" und „Die Umwelt schützen: Gemeinsam statt einsam" übernommen.
Das Kapitel „Umweltschutz im Alltag – Kinder geben Tips" schrieb für uns der Buchautor Hans-Joachim Kursawa-Stucke aus Berlin. Er hat zahlreiche Bücher zum Thema verfaßt.
Wir hoffen, daß es uns auch mit diesem Buch wieder gelungen ist, einen Beitrag zum fröhlichen Miteinander von Kindern und Erwachsenen zu leisten. Das pädagogische Know-How des Teams von Mehr Zeit für Kinder, die sachliche Kompetenz unserer Kooperationspartner – der BUNDjugend und Herrn Kursawa-Stucke – und nicht zuletzt die zahlreichen Zuschriften der Kinder haben die Realisierung des Projektes ermöglicht. Wir wünschen Ihnen viel Spaß beim Lesen, Basteln und Spielen.

Das Team des
Vereins Mehr Zeit für Kinder
und die BUNDjugend

INHALT

Die Umwelt Schützen

Abfall

Hallo Kinder,

die Umwelt tagtäglich zu schützen ist nicht bequem und schon gar nicht einfach. Trotzdem seid Ihr da ganz groß! Woher wir das wissen? Von Euch selbst natürlich! In der Umweltgeschichte „Hügeldreck und Erdlochmist" rufen Rita Ratte, Manfred Maulwurf und andere Tiere, die Sorgen wegen der verschmutzten Natur haben, Euch Kinder auf, gemeinsam zu überlegen, wie der Umwelt geholfen werden kann. Da habt Ihr Euch richtig ins Zeug gelegt. So viele tolle Tips zum Thema Umweltschutz sind bei uns eingegangen, daß wir ganz schön lange lesen mußten! Aber was wir da von Euch zu lesen bekamen - da sagen wir nur: Hut ab - Ihr seid spitze! Im Umweltschutz können die Erwachsenen bestimmt noch so einiges von Euch lernen. Deshalb haben wir viele Eurer Anregungen und Ideen in das Buch geschrieben. Wie z.B. diesen Tip, den uns Stephanie Zöllner, und ihre Freundinnen Vanessa, Ruth, Tanja und Silke geschickt haben: „Duschen statt zu baden, um Wasser zu sparen". Tja, da sind wir auch schon beim Thema ... Dankeschön fürs Mitmachen und viel Spaß beim Lesen wünscht Euch

Euer Verein Mehr Zeit für Kinder

Kinder geben Tips

Blubberspaß und Wasserwehr

Wasser ist wichtig. Das weiß doch jedes Kind. Irgendwie sind wir immer vom Wasser abhängig: zum Beispiel beim Wandern. Wenn die kühle Quelle damals im Sommer in Griechenland nicht gewesen wäre, Sascha wäre im Urlaub verdurstet. Echt. Jedenfalls fast. Im Ferienhotel hing damals ein großes Schild, daß jeder Wasser sparen sollte, weil es knapp sei. Genau: Es ging um Trinkwasser. Davon gab es nicht genug, jedenfalls nicht im Sommer. Im Winter ja, aber da war er ja wieder zu Hause.
Klar, im Meer war genug Wasser, aber das war salzig. Einmal hatte er sich beim Muscheltauchen in seiner Lieblingsbucht verschluckt: eklig war das, obwohl das Wasser ganz klar war. Salzwasser eben. Ja, aber bei uns in Deutschland gibt es scheinbar doch genug Wasser. Oder? Was meint ihr?

Richtig, es gibt bei uns mehr Wasser als in Griechenland. Aber auch bei uns ist die Menge Wasser begrenzt.
In Frankfurt war im Sommer das Gartensprengen und Autowaschen verboten, so knapp war plötzlich unser Trinkwasser. Und vielleicht wird das noch schlimmer! Wir müssen also Wasser sparen. Nicht nur in Griechenland, sondern auch in Frankfurt und anderswo. Überall!
Denn stellt euch mal vor, es gäbe plötzlich kein Wasser mehr! Nicht in Kiel, auch in Frankfurt nicht und schon gar nicht im Westerwald. Nichts, rein gar nichts mehr. Keinen Tropfen ...

„So'n Quatsch", lacht Sascha. Und Sarah freut sich: „Au fein, kein Zähneputzen, kein Händewaschen mehr, und auch das blöde Haarewaschen fällt aus." – „Und wo soll ich schwimmen gehen, so ohne Wasser?" – „Im Schwimmbad in der Hasenheide gibt's immer Wasser, oder hast du schon mal ein Freibad ohne gesehen?" fragt Sarah. „Ja, schon ... Aber wenn es doch stimmt? Könnte doch sein, oder?"

Sascha ist sich nicht mehr so sicher. Schließlich hat er es schon erlebt, wie er plötzlich einmal morgens fast trocken unter der Dusche stand. Kein Tropfen war zu sehen. Er konnte am Wasserhahn drehen, wie er wollte. Kein Tropfen. Nichts.
In der Straße vor dem Haus war nämlich plötzlich eine Rohrleitung geplatzt. Tagelang gab es nur Wasser aus Schüsseln, Töpfen und Eimern aus dem Nachbarhaus. Und das schlimmste daran war: Er mußte die Eimer halbvoll in den dritten Stock schleppen. Eine echte Plackerei das Ganze. Und ganz ohne Fahrstuhl! Das war eine dicke Gemeinheit damals, weil seine Schwester Sarah nur einmal einen Kindereimer voll für ihre Puppenwäsche geholt hatte. Und sonst nichts. So war seine Schwester: Sie dachte eben immer nur an sich.

„Nur gut", sagt Sascha zu seinen Freunden, „daß Wasser reichlich aus der Leitung fließt und Baden, Kochen und Geschirrspülen immer möglich ist." – „Aber seltsam war das damals schon", denkt er, „wie wenig Wasser die ganze Familie verbrauchte, als der Wasserhahn nur fauchte, und als nur Luft und einige dünne Tropfen kamen, sooft ich den Wasserhahn auch aufdrehte."

Das Komischste war, daß das Wasser dauernd zugeteilt wurde: morgens einen halben Becher zum Zähneputzen, einen halben Eimer für die Toilettenspülung, eine Schüssel für die Katzenwäsche. Nur gut, daß niemand das schmutzige Geschirr spülen mußte! Erst als die ganze Küche davon voll war und das Wasser wiederkam, mußte er die Spülmaschine einräumen. Das war nun wieder ganz schön an der Geschichte.

Wie funktioniert das mit dem Wasser auf der Erde?

Alles Wasser auf der Erde (auch Eis und Schnee) verdampft und verdunstet laufend und steigt als Wasserdampf in den Himmel. Wenn ihr zum Beispiel ein Glas Wasser irgendwo hinstellt und mehrere Tage wartet, ist kein Wasser mehr im Glas.

Dort wird es – weil es oben in der Luft kälter ist – erst zu Wolken und dann in den Wolken wieder zu Wasser, Eis oder Schnee.

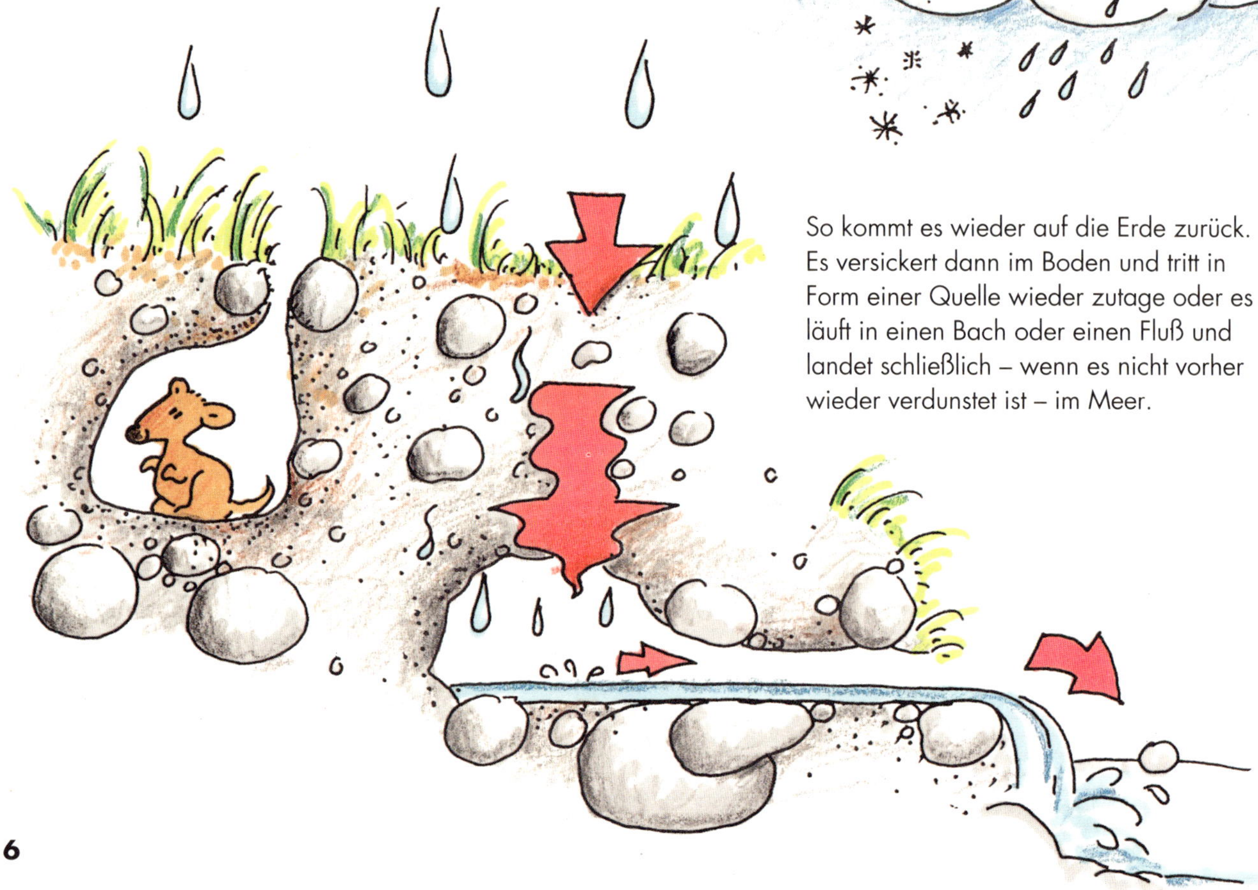

So kommt es wieder auf die Erde zurück. Es versickert dann im Boden und tritt in Form einer Quelle wieder zutage oder es läuft in einen Bach oder einen Fluß und landet schließlich – wenn es nicht vorher wieder verdunstet ist – im Meer.

Der Trick

Der Trick ist, daß das Wasser sich in diesem Kreislauf selbst reinigt. Wenn das Wasser verdampft oder verdunstet, läßt es nämlich alle Stoffe, die im Wasser gelöst sind, auf der Erde zurück, weil die nicht schweben können wie Dampf.

Das Wasser in den Wolken ist dann vollkommen sauber und kommt so auf die Erde zurück.

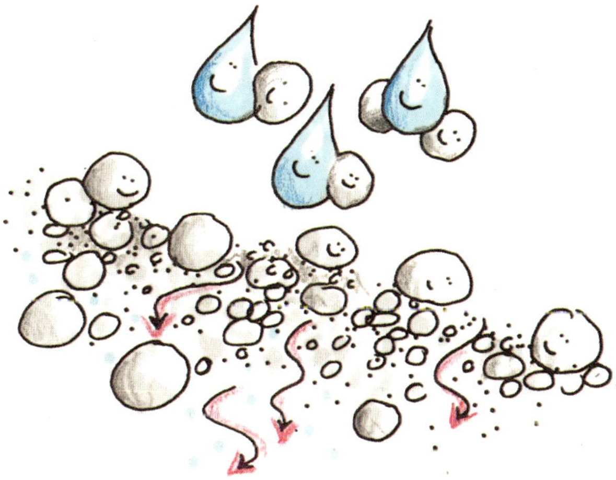

Es gibt aber noch einen zweiten Reiniger. Wenn das Wasser im Erdboden versickert, dann wirkt der Boden oft wie ein Filter. Deswegen versucht man meistens, Trinkwasser direkt aus Quellen, Quellflüssen oder sogar aus unterirdischen Wasserbecken zu gewinnen. Denn dort ist es sauber.

Doch so viel Wasser, wie wir hier in Deutschland verbrauchen, gibt es gar nicht in frischer, sauberer Form. In anderen Gegenden der Erde ist es noch schlimmer. Denkt bloß an die Wüstengebiete! Deswegen muß ein Teil des verbrauchten Wassers aufbereitet, nämlich geklärt und gereinigt werden, um es dann wieder im Haushalt zu verwenden. Wirklich ganz sauberes Wasser ist heute schon Mangelware und kommt meistens aus Mineralwasserflaschen.

Woher kommt unser Trinkwasser?

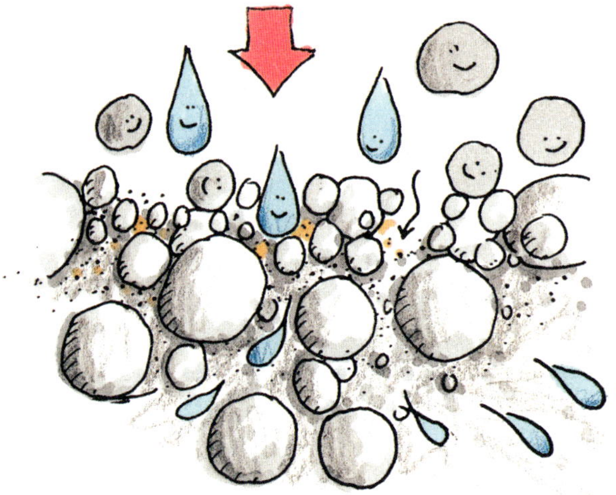

Unser Trinkwasser ist Regenwasser. Es wird leider bereits oft auf dem Weg zur Erde verschmutzt: durch Abgase und winzige Schmutzteilchen, die aus Schornsteinen und Auspuffrohren in die Luft steigen. Das Regenwasser sickert in den Boden und kommt in Quellen wieder an die Oberfläche, oder es läuft direkt in Bäche und Flüsse.

Durch Talsperren verhindert man wie mit einem Stöpsel in der Badewanne, daß das gute Wasser einfach wegfließt.

Man hat durch Talsperren künstliche Seen angelegt, in denen das saubere Wasser aus Bächen und Flüssen aufgestaut wird. Solche Trinkwassertalsperren liegen in geschützten Gebieten. Von dort fließt das kostbare Trinkwasser durch Rohrleitungen ins Wasserwerk, wo es noch einmal gereinigt wird. Dann erst geht es weiter durch das städtische Rohrleitungsnetz zu den Häusern und Fabriken.

Weil wir so viel Trinkwasser verbrauchen, reicht das saubere Wasser aus den Talsperren oft nicht aus. Man pumpt deswegen auch versickertes Wasser aus einer Art unterirdischem See - dem Grundwasser - nach oben, um es zu verwenden. (Darunter leiden allerdings Pflanzen und Tiere, weil für sie dadurch das Wasser knapp wird.) Und wenn das auch nicht reicht, müssen die Wasserwerke Trinkwasser sogar aus verschmutztem Wasser herstellen, was sehr aufwendig ist. Wasser ist für uns alle lebenswichtig und darf deshalb nicht verschmutzt und nicht verschwendet werden.

Wenn man bedenkt, wofür das kostbare Trinkwasser alles benutzt wird: zum Kochen und Waschen, Spülen, Duschen, Baden, aber auch zur Toilettenspülung, zur Autoreinigung und Gartenbewässerung. Aber das ist nicht alles:

Was ist zum Beispiel mit dem Wasser im Schwimmbad, in den Tanks der Sprengfahrzeuge der Straßenreinigung? Wieviel Trinkwasser versprühen die Rasensprenger im Park? Und noch etwas Wichtiges haben wir vergessen: die Fabriken, in denen Papier für Zeitungen und Bücher, Spielzeug, Lebensmittel oder Autos hergestellt werden. Die verbrauchen mehr als zehnmal soviel Wasser wie wir alle zusammen – und zwar täglich. Und wenn wir unsere Wasserwehr, die fixen Leute von den Wasserwerken nicht hätten, die die Rohrbrüche schnell reparieren, ginge außerdem noch viel kostbares Trinkwasser verloren.

Die Leute von den Wasserwerken müssen für eine Stadt wie Frankfurt a/M zum Beispiel auf 1500 km Rohrleitung aufpassen, das ist ungefähr eine Strecke von Hamburg bis nach Italien. Die dicksten Rohre sind übrigens 120 cm im Durchmesser, da kann man bequem durchkriechen.

„Mensch, einfach irre! So viel Wasser, und alles fließt irgendwann einfach in die Kanalisation. Dann muß es wieder gereinigt werden. Das kostet reichlich Geld, schätze ich", ruft Sascha erstaunt. In Frankfurt war im Sommer das Gartensprengen und Autowaschen verboten, so knapp war plötzlich unser Trinkwasser. Und vielleicht wird das noch schlimmer! Wir müssen also Wasser sparen. Nicht nur in Griechenland, sondern auch in Frankfurt und anderswo. Überall!

Für das Baden braucht man 100–180 Liter. (Dicke, große Leute brauchen übrigens weniger Wasser zum Baden als kleine, dünne. Warum wohl?)

Duschen dagegen verbraucht je nach Ausgiebigkeit nur 30–60 Liter. Soviel braucht man auch für einmal Autowaschen. Für eine Wäsche in der Waschmaschine benötigt man 50–90 Liter, die Spülmaschine braucht ungefähr 20 Liter. Der Abwasch von Hand ist übrigens nicht viel sparsamer, außer man verwendet ganz wenig Wasser und rubbelt viel. In einem Putzeimer sind 5–10 Liter drin, je nachdem, wie voll man ihn macht.

Was könnt ihr Kinder denn fürs Wassersparen tun?

Einige Kinder aus Karlsruhe haben schon gute Ideen:

★ Lisa Deutsch, 8 Jahre, hat festgestellt, daß man auch bei der Toilettenspülung Wasser sparen kann, wenn man in den Spülkasten eine Wasserspartaste einbaut.

★ Vanessa Herrmann, 8 Jahre, will für die Gartenbewässerung möglichst nur noch gesammeltes Regenwasser verwenden.

★ Stephanus Kaufmann, 6 Jahre, schlägt vor, den Wasserhahn abzustellen beim Zähneputzen!

145 Liter, das ist soviel wie 15 randvolle Putzeimer oder eine Badewanne voll.

Jeder von uns verbraucht am Tag durchschnittlich 145 Liter Trinkwasser im Haushalt. Zum Baden 48 Liter, zur Toilettenspülung bis zu 48 Liter und für die Waschmaschine und zum Putzen 35 Liter, zum Geschirrspülen mit der Hand 4–6 Liter, 3–5 Liter zum Essen und Trinken und für die Autowäsche und zur Gartenbewässerung bis zu 9 Liter und … und … Ganz schön viel, oder?

1000 Leute verbrauchen jeden Tag soviel Wasser, wie in das Schwimmbecken eines Hallenbades paßt. (Wie viele Schwimmbecken Wasser braucht eure Stadt oder euer Dorf an einem Tag?)

Aber wir alle, eure Eltern, Freunde und Freundinnen und deren Eltern, eure Lehrer und Nachbarn können noch mehr tun:

★ Am meisten Wasser und Energie spart ihr, wenn ihr duscht statt zu baden. In eine volle Wanne rauschen glatt 180 Liter, für eine fünf Minuten dauernde Dusche braucht ihr dagegen nur 30–60 Liter Wasser. Und Energie spart ihr dabei auch noch: Insgesamt spart ihr glatt bis zu 2 DM pro Dusche. Die Wasser- und Stromrechnung im nächsten Jahr wird es beweisen.

★ Geht mit euren Eltern zu einem guten Installationsgeschäft und laßt euch eine Wasserspareinrichtung für eure Toilettenspülung zeigen. Die kostet gar nicht so viel, wie man denkt, und spart enorm. Wenn der alte Spülkasten ausgewechselt werden muß, kommt natürlich nur einer mit einer echten Wasserspartaste ins Haus. Das ist abgemacht und Ehrensache!

Umweltfreundliches Verhalten wird sogar belohnt:
Stellt doch einfach ein Sparschwein in eurem Badezimmer auf und vereinbart mit euren Eltern, daß sie euer Sparschwein jedesmal mit 2 DM füttern, wenn jemand in der Familie aufs Baden verzichtet und statt dessen duscht. Das Schwein wird schnell fett! Und das gibt reichlich Kohle für manche Extratour im nächsten Urlaub, wenn das (umwelt)freundliche Sparschwein geschlachtet wird. Eine feine Sache also.

★ Für das Duschen gibt es einen Unterbrecherknopf, der z.B. beim Einseifen oder Haarewaschen das Wasser stoppt. Der ist klein und kostet nicht viel. Aber er ist groß in seiner Wirkung.

★ Spielt mal Wasserwehr und achtet darauf, ob die Wasserhähne in der Wohnung, im Keller und im Garten tropfen. Allein ein tropfender Wasserhahn verschwendet bis zu 2000 Liter Trinkwasser im Jahr! Das glaubt man gar nicht. Das sind fast 11 Badewannen voll! Das muß ja nicht sein, oder? Eine kleine Dichtung, die ausgewechselt wird, wirkt da Wunder. Neuerdings gibt es Durchflußbegrenzer für jeden Wasserhahn. Jedes Installationsgeschäft hat verschiedene Ausführungen auf Lager. Und die sind gar nicht teuer! Da sprudelt das Wasser so schön, und ohne daß ihr es merkt, läuft viel weniger Trinkwasser durch.

★ Als echte Spürnasen solltet ihr mal zusehen, ob eure Waschmaschine ganz voll mit Wäsche gefüllt wird. Eine halb gefüllte Maschine braucht genausoviel Wasser und Strom wie eine volle. Man verbraucht so also unnötig viel Strom und Wasser, wenn man die Maschine nicht voll macht. Wenn schon eine kleine Wäsche, dann hat eure Waschmaschine hoffentlich eine Spartaste. Das spart dann wenigstens etwas! Und die richtige Waschmittelmenge gehört auch dazu. Mehr Waschmittel als auf der Packung angegeben, schadet der Umwelt und wäscht nicht besser. Inzwischen gibt es ein noch umweltverträglicheres Waschmittel im „Baukastensystem". Das besteht aus drei Packungen, dem Wasserenthärter, dem Grundwaschmittel und dem Bleichmittel. In normalen Waschmitteln sind alle drei Sachen drin, und die fließen, auch wenn man sie eigentlich nicht braucht, beim Waschen in die Umwelt. Mit dem Baukastensystem schont man die Umwelt, weil man nur die Packung nehmen muß, die die Wäsche gerade benötigt.

Mit „Baukasten-Waschmitteln" waschen?

Waschmittel für die Waschmaschine eurer Eltern kennt ihr alle. Meistens ist es ein weißes Pulver oder flüssig und blau wie das Meer. Es hilft, eure Socken und T-Shirts wieder sauberzumachen. Damit eure Eltern möglichst wenig Waschmittel verbrauchen und so der Umwelt helfen, gibt es jetzt das neue „Baukasten-Waschmittel".
Jedes Waschmittel besteht nun aus drei Päckchen: Ein Päckchen macht das Wasser weich, das zweites entfernt den Schmutz und das dritte macht die Wäsche weiß. Bunte Wäsche soll ja gar nicht weiß werden, deswegen kann das dritte Päckchen – das Bleichmittel – weggelassen werden. Und nicht überall ist das Wasser gleich hart, deswegen kann man mit dem ersten Päckchen sparen. So handelt man schon ganz schön umweltfreundlich, weil weniger Waschmittelreste in den Abfluß und in die Kläranlage gelangen, und man spart Geld dazu!

Weiches Wasser - hartes Wasser?

„Was soll denn das heißen?" fragt ihr vielleicht. „Wieso soll denn Wasser hart sein?" Klar, wenn man vom Sprungbrett auf den Bauch klatscht, ist das Wasser ganz schön hart. Aber da war das Wasser auch nie weich. Oder gibt es weiches Wasser nur woanders? Der Begriff „weiches" oder „hartes" Wasser ist zwar richtig, aber er führt ziemlich in die Irre. Der Stoff, der das Wasser „hart" oder „weich" sein läßt, ist der Kalk. Je nachdem, wo das Trinkwasser herkommt, ist mehr oder weniger Kalk im Wasser gelöst. Wenn ihr Wasser aus der Leitung in einem Topf verdampft, bleibt auf dem Boden eine weiße Schicht übrig. Das ist der Kalk. In manchen Gegenden ist viel Kalk im Wasser. Dort ist das Wasser „hart".

Das ist dann ein richtiges Problem. Denn alles, worin Wasser heiß gemacht wird – Töpfe, Kaffee- oder Waschmaschinen – verkalkt mit der Zeit und funktioniert dann nicht mehr richtig. Außerdem verändert der Kalk das Wasser so, daß es beim Waschen den Schmutz nicht mehr so gut aufnehmen kann. Also braucht man bei „hartem" Wasser mehr Wasser und Waschmittel als bei „weichem". Deswegen nimmt man in der Waschmaschine einen sogenannten „Wasserenthärter". Das ist ein Mittel, das den Kalk bindet und seine Wirkung verhindert. So braucht man weniger Waschmittel für die Wäsche, und die Waschmaschine hält auch länger.

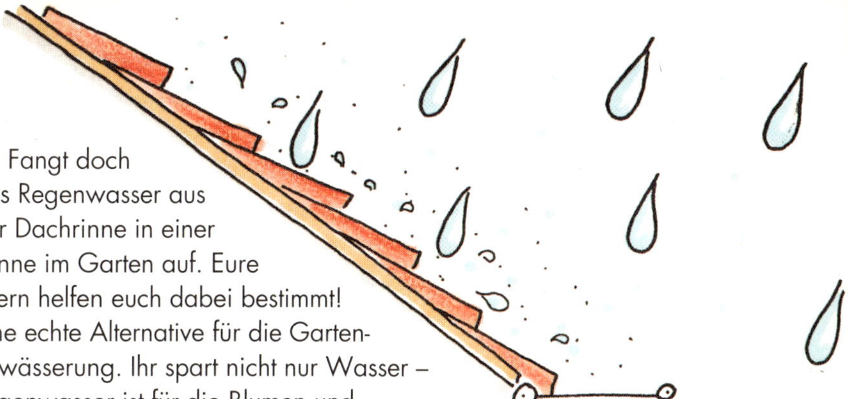

★ Fangt doch das Regenwasser aus der Dachrinne in einer Tonne im Garten auf. Eure Eltern helfen euch dabei bestimmt! Eine echte Alternative für die Gartenbewässerung. Ihr spart nicht nur Wasser – Regenwasser ist für die Blumen und Sträucher sogar besser, weil es „weicher" ist.

★ Wäscht euer Vater das Auto selbst vor der Garage oder auf der Straße? Fragt ihn doch, ob er nicht lieber das Auto in eine Waschanlage fahren kann. Wenn er nämlich sein Auto vor der Garage wäscht, sickert das Wasser mit dem Waschschaum in den Boden. Unsere Pflanzen, besonders die Bäume, mögen den Schaum ganz und gar nicht. Und kranke Bäume haben wir ja durch das Waldsterben schon genug, wie jeder von euch weiß.
In der Waschanlage dagegen wird das dreckige und ölverschmutzte Wasser aufgefangen, gereinigt und zum Waschen wiederverwendet oder vorgereinigt und in die Kläranlage geleitet. So schont euer Vater nicht nur die Umwelt, sondern spart auch noch eine Menge Zeit und kann statt dessen mit euch spielen.

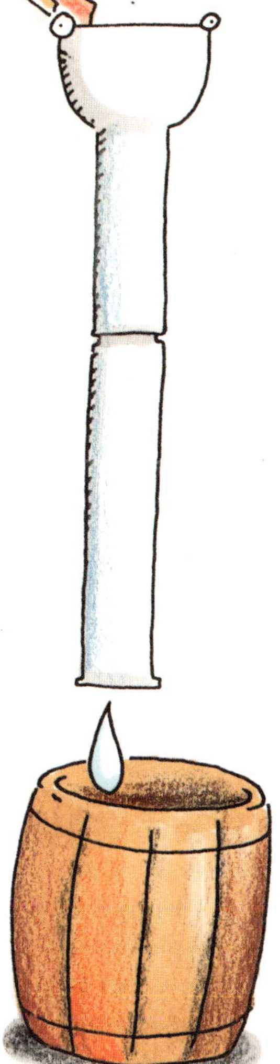

★ Und ganz zuletzt noch einen dicken Tip: Nur eine echte „Umweltsau" wirft Abfall in die Toilette! Abfall gehört – möglichst sortiert – in den entsprechenden Mülleimer!

Ideen und Aktionen:

Wir spielen Wasserwehr

Wenn ihr für eure Wohnung oder euer Haus einen eigenen Wasserzähler habt, so schreibt ihr den Zählerstand auf, wenn alle das Haus verlassen und die Wasserhähne zu sind. Wenn ihr wiederkommt und inzwischen niemand in der Wohnung war, lest ihr wieder den Zählerstand ab. Wenn der Zähler weitergerückt ist, geht irgendwo Wasser verloren. Prüft alle Wasserhähne, ob sie tropfen. Schaut euch den Spülkasten eurer Toilette an, ob nicht heimlich und leise immer ein wenig Wasser in das Toilettenbecken rinnt.

Der umweltfreundliche Wassersparhaushalt

Macht einen Wassersparwettbewerb mit euren Nachbarn oder Freunden.
Dazu entwerft ihr ein kleines Flugblatt und schreibt die wichtigsten Wassersparmöglichkeiten aus unseren Tips auf. Und einen ersten Preis müßt ihr euch auch überlegen. Dann schreibt jeder von euch am gleichen Tag von allen Familien, die mitmachen, den Zählerstand auf. Nach zwei Wochen lesen alle gemeinsam den Wasserverbrauch ab. Dann teilt ihr den Wasserverbrauch pro Familie durch die Anzahl der Familienmitglieder. So wißt ihr, was jeder einzelne in der Familie durchschnittlich in einer Woche verbraucht hat. Wer am wenigsten verbraucht hat, ist Sieger. Wer am meisten Trinkwasser verplempert, muß sich um Wassersparmaßnahmen besonders kümmern. Tips dazu habt ihr ja schon weiter vorne gelesen. Aber bestimmt fallen euch selbst noch welche ein. Noch mehr erfahrt ihr, wenn ihr mal mit euren Eltern zu einer Umwelt- und Verbraucherberatungsstelle geht, die vielleicht in eurer Nähe ist. Die Anschriften erfragt ihr am besten bei eurer Gemeindeverwaltung. Dort gibt es viele weitere Tips und manchmal richtig lustige Wassersparhefte. Außerdem könnt ihr kostenlose Informationen anfordern beim

Umweltbundesamt
- ZAD -
Bismarckplatz 1
14193 Berlin

Postkarte genügt. Das ist überhaupt eine gute Adresse für euch. Die wissen unheimlich viel über Umweltschutz! Die Leute dort schicken euch auch Broschüren für eure Eltern, damit sie mitmachen. So gibt es dort zum Beispiel eine Broschüre über umweltschonende Waschmittel im „Baukastensystem". Und das alles gibt es natürlich kostenlos.
Auch eure Lehrerinnen und Lehrer können dort Informationen und Material für den Unterricht bekommen.

Aktion Schüler helfen beim Wassersparen.
Fragt euren Lehrer oder eure Lehrerin doch, ob er/sie mit euch einen Besuch im Wasserwerk oder in einer Kläranlage macht? Das ist echt spannend, und ihr erfahrt viel über den Umgang mit Wasser. Im Sachkundeunterricht könnt ihr dann gemeinsam überlegen, wie ihr eine Aktion in der Schule macht, damit beim Wassersparen möglichst viele Kinder helfen. Denn ihr wißt ja: Umweltschutz fängt bei uns selbst an. Und wir erreichen viel, wenn wir möglichst viele sind.

Wir lassen uns nicht einwickeln!

„Du mußt nur den Nippel durch die Lasche ziehen und mit der kleinen Kurbel ganz nach oben drehen, dann erscheint sofort ein Pfeil, und dann drückst du drauf, und schon geht die ganze Sache auf."
Sven und Silke lachen, und die ganze Klasse singt mit. „Du mußt nur den Nippel ..." Sebastian reißt gekonnt am Ring seiner Cola-Dose, und flupp – geht die Dose zischend auf.
„Schaut mal", ruft Sven, „da hinten ist ein ganzer Haufen mit Abfall." Da haben schon andere Leute vor ihnen mindestens 20 Getränkedosen, Butterbrotpapier, Reste von Alufolie, Trinkpäckchen aus Kunststoff und Pappe und jede Menge Kaugummipapier liegenlassen. Jemand hat auch zwei alte Glasflaschen dazugelegt, die „vergessen" wurden. „Keine Pfandflaschen, leider", meint Silke mit Kennerblick. Sebastian wirft gekonnt die verbrauchten Batterien seines neuen Walkmans und die Verpackung dazu.

Alles Abfall Alles Müll

Das allermeiste davon ist Verpackungsabfall. Sven und Silke räumen alles zusammen in eine große Plastiktüte, die mehr als voll ist. Sie sind die „Umweltschutz–Beauftragten" ihrer Klasse und wissen längst, daß Abfall nicht in den Wald gehört. Ratlos stehen sie allerdings vor der überquellenden Tüte, aus der einige Dosen klappernd auf den Waldweg fallen. Was tun damit? Sven mault: „Blöde Dosen! Warum nehmen die Leute nicht Getränkebehälter von zu Hause mit? Dann hätten wir jetzt nicht soviel zu schleppen!" Silke hat eine Idee: Sie schüttet die Tüte aus. Die Dosen scheppern auf den Waldweg. „Wir müssen alles kleiner machen und sortieren. Dann können wir es wenigstens besser tragen!"

Auf einem großen Haufen liegen die Dosen. Auf einem anderen die weichen Verpackungen: Trinkpäckchen, Kaugummi- und Butterbrotpapier. Auf einem dritten die Batterien und die durchsichtige Plastikverpackung für den Walkman. Jemand stampft die Dosen klein. Es knirscht und knackt. Ein anderer springt auf die Trinkpäckchenverpackungen, daß es ganz schön knallt. Das macht Spaß.
Als wieder alles in der Abfalltüte ist, stellen die Kinder fest, daß sie nur noch halbvoll ist. Sie wechseln sich beim Tragen der Tüte ab. Sebastian muß sie am längsten tragen, er hatte schließlich drei Dosen dabei, und Sven singt dabei laut: „Du mußt nur den Nippel durch die Lasche ziehen ..." Sebastian ärgert sich deswegen, aber er läßt sich nichts anmerken.

In Waldhausen entdeckt jemand große Sammelcontainer auf dem Marktplatz. Farbige Iglus für Einwegflaschen. Daneben einen Papiercontainer, voll mit Zeitungen und Illustrierten. Eine große Tonne für Kunststoffverpackungen. Und eine Tonne für Küchenabfälle zur Kompostierung. Die Kinder werfen die Dosen und das Papier ein. Das Plastik fliegt in die Tonne für den Kunststoff. Sebastian wirft mit Schwung wie ein Profi die alten Batterien ebenfalls in die Kunststofftonne. „Du spinnst!", ruft Sven, der daneben steht, „Batterien sind giftig und gehören in die Batteriesammlung! Such sie gefälligst wieder 'raus und gibt sie da zurück, wo du deine Batterien immer kaufst. Die haben dafür Behälter im Laden. Und überhaupt, wiederaufladbare Akkus sind viel besser." – „Blödmann, weiß ich doch selber längst", blafft Sebastian zurück. „Ich wollte dich nur ärgern, weil ich fast die ganze Zeit den ganzen Müll allein buckeln mußte."

Ist doch logo, für viele Sachen – den Walkman, die CD, das Kaugummi, die Cola – brauchen wir Verpackungen, weil die Sachen sonst schmutzig, beschädigt oder ungenießbar werden. Aber weil die Leute, die all die Sachen verkaufen, auch wollen, daß wir möglichst viel kaufen, machen sie tolle Verpackungen drumrum, die sogar schöner und größer sind als der Inhalt. Und oft sind sie vom Feinsten: durchsichtige, glasklare Kunststoffe, glänzende Metallfolien, buntgefärbte, lackierte Alufolien und sogar doppelt und dreifach eingewickelte Süßigkeiten.

Was wir im Müll so finden

★ Zeitungen, alte Comic-Hefte und Illustrierte sind natürlich aus Papier und gehören in den Papiercontainer oder die Papiersammlung. Aus dem Altpapier wird wieder Karton, Pappe oder Recycling-Schreibpapier gemacht.

★ Joghurtbecher und andere kaputte Plastiksachen werft ihr in die Tonne für den Kunststoff. Diese Reste werden in Fabriken ganz klein geschnippelt und daraus Blumentöpfe und Fußbodenplatten gemacht. Aber das klappt heute leider nicht überall.

★ Pfandflaschen gebt ihr im Laden zurück. Aber Flaschen ohne Pfand gehören in den Flaschen-Container. Das kennt natürlich jeder von euch.

★ Küchenabfälle sollten im Garten auf den Kompost.

★ Alte Batterien und Akkus, Farbreste aus dem Keller und andere Chemikalien dürfen nicht in den Hausmüll. Ihr müßt sie zur Sondermüll-Sammelstelle in eurer Gemeinde geben.

Viele Verpackungen, z.B. solche aus Aluminium werden oft unter hohem Energieverbrauch und aus wertvollen Rohstoffen hergestellt und tragen so letztendlich nur dazu bei, daß wir im Müll fast ersticken. Ex und hopp ist angesagt. Aus dem Auge, aus dem Sinn! – Und der Berg wird jedes Jahr höher, wenn wir, die Erwachsenen und die Kinder, gemeinsam nicht alles tun, um ihn kleiner zu machen.

DER MÜLLBERG IS

Jährlich brummen mehr als 900.000 schwere Müllwagen mit je 20 Tonnen Hausmüll durch unsere Städte und Dörfer. Mehr als die Hälfte davon ist reiner Verpackungsmüll. – Ex und hopp! Aus den Augen, aus dem Sinn! Aber ganz so einfach ist das nicht, weil wir bald nicht mehr wissen, wohin mit der täglichen Verpackungsflut.
Natürlich geben schon viele Leute Einwegflaschen in die Flaschencontainer. Zeitungen und Zeitschriften werden in Haussammlungen abgefahren und im Papier-Container um die Ecke gesammelt. Die alten Flaschen werden eingeschmolzen, und daraus können dann mehrmals neue Flaschen hergestellt werden. Und aus alten Zeitungen und Pappen entsteht wieder Recyclingpapier und Recyclingpappe. Das spart reichlich Energie und Rohstoffe und ist schon ganz schön umweltfreundlich. Besser ist es jedoch, wenn ihr und eure Eltern nur noch Pfandflaschen statt Einwegflaschen kauft. Viele Getränke gibt es heute in Pfandflaschen. Zugegeben, am Anfang ist das lästig, immer wieder die Flaschen zurückzubringen. Aber später wird es selbstverständlich und hilft unserer Umwelt enorm.

Jeder von uns macht jährlich mehr als 380 Kilogramm Müll.

Versucht möglichst diejenigen Produkte nicht zu kaufen, die aufwendig oder unnötig oft verpackt sind. Denn Abfallvermeidung geht vor Abfallrecycling, wie heute jeder weiß!

Wenn man die Müllwagen Stoßstange an Stoßstange aufstellen würde, dann wären das 7200 km, sieben Schlangen Müllwagen von Hamburg bis München.

TRIESIG

Was könnt ihr denn tun?

Einige Kinder haben uns tolle Vorschläge geschickt:

★ Johanna Nowtony, 9 Jahre, aus Karlsruhe rät, statt Trinkpäckchen lieber Saft in Mehrwegflaschen zu kaufen. Für unterwegs könnt ihr den Saft auch in Trinkflaschen füllen, die immer wieder benutzt werden.

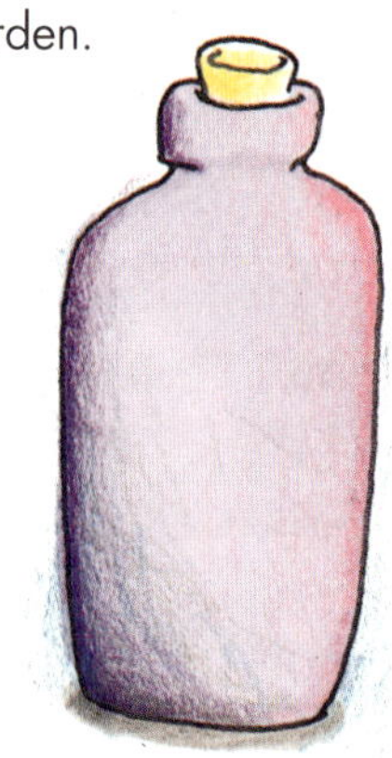

★ Daniel Jansen, 11 Jahre, aus Lübeck schreibt: Statt Trinkhalme aus Plastik benutzt er Makkaroni-Nudeln, die er anschließend sogar aufessen kann. Pfandgläser kaufen, meint Maria Wühr, 7 Jahre, aus Viechtach. Und Susanne und Daniel Bahr, 14 und 6 Jahre, aus Lübeck empfehlen: Keine Getränkedosen mehr herstellen.

★ Andrea Heinrichs, Anke Heime, Michaela Haberkern, Martina Spröhnle und Jessika Brenner aus Heilbronn sind der Meinung, daß alle Leute zum Einkaufen Stofftaschen oder einen Korb mitnehmen und auf Plastiktüten besser verzichten sollten.

★ Cornelia Flach, 8 Jahre, aus Karlsruhe sagt: Kauft keine weißen Papiertaschentücher, sondern welche aus Recyclingpapier. Das ist umweltfreundlicher.

★ Norman Thieme, 5 Jahre, aus Chemnitz erinnert alle Kinder daran, daß es für Batterien besondere Sammelcontainer (im Geschäft) gibt. Sie gehören nicht in den Hausmüll.

★ Die Kinder der „Bärengruppe" von Frau Apitz aus Braunschweig schlagen für das Pausenbrot eine „Vesperdose" vor, damit ihr nicht jeden Tag eine Papier- oder Plastiktüte braucht.

★ Marie Meyerholz, 7 Jahre, aus Kassel beschreibt oder bemalt auch die Rückseiten von Papier oder Plakaten.

★ Jan und Marike, 12 und 8 Jahre, aus Berlin verzichten auf alle Mini-Portionsverpackungen im Hotel und wünschen sich keine Mini-Joghurts mehr mit wenig Inhalt und viel Verpackung.

★ Thorben Wiedemann, 4 Jahre, aus Bünde will Verpackungen an die Firmen zur Wiederverwertung zurückschicken und Henrike Fürstenberg, 11 Jahre, aus Stuttgart rät euch, Briefe an Firmen zu schreiben, in denen ihr sie auffordert, ihre Verpackungen umweltfreundlicher zu gestalten.

Müll kommt bei uns nicht in die Tüte!

Was könnt ihr mit euren Eltern tun, um den Verpackungsberg klein zu kriegen?

★ Laßt unnötig abgepackte Lebensmittel (z.B. Obst und Gemüse in Kunststoffschalen usw.) im Supermarkt stehen.

★ Bevorzugt frisches Gemüse und selbst zubereitete Speisen. Konserven und Fertigprodukte sind längst nicht so gesund und außerdem aufwendiger verpackt.

★ Verzichtet auf die kleinen Portionsverpackungen für Butter, Kondensmilch und Marmelade. Im Urlaub solltet ihr mit dem Hotelbesitzer sprechen, daß Mini-Portionsverpackungen den Abfallberg unnötig vergrößern. Ein gutes Urlaubsfrühstück steht heute längst ohne Verpackungsmüll auf dem Tisch.

★ Eine Einweg-Plastiktüte beim Einkauf ist längst nicht mehr „in". Umweltbewußte Kinder und Eltern benutzen ein Netz, einen Beutel, eine Tasche oder einen Einkaufskorb.

★ Wegwerfartikel wie Einweggeschirr und Einwegkameras sind Gift für die Umwelt. Bringt zu Festen lieber euer eigenes Geschirr mit, das ihr zu Hause spülen könnt.

★ Bastelt euch einen eigenen Aufkleber BITTE KEINE WERBUNG EINWERFEN – DER UMWELT ZULIEBE für euren Briefkasten. Die Reklameflut erhöht den Müllberg wesentlich.

★ Informiert eure Freundin/euren Freund darüber, was jeder von uns zur Müllvermeidung beitragen kann, und bittet eure Lehrerin/euren Lehrer, mit euch die Müllberge auf einer Hausmülldeponie oder in einer Müllverbrennungsanlage anzusehen.

Aus alt macht neu

Jeder von euch kann noch mehr tun:

★ Christian Böhme, 10 Jahre, aus Karlsruhe bittet euch, alle Küchenabfälle zu kompostieren.

Wenn ihr Küchenabfälle in eine Kompostkiste schmeißt, werdet ihr sehen, daß ihr viel weniger Hausmüll habt als zuvor. Für den Rest langt euch dann bestimmt eine kleinere Mülltonne. Dadurch sparen eure Eltern sogar noch Geld. Denn eine kleinere Mülltonne ist billiger als eine große.

Wer keinen Garten hat, kann sich auf dem Balkon eine „Wurmkiste" aufstellen oder in der Gemeinde eine Komposttonne bestellen, in der alle Küchenabfälle gesammelt werden. Die wird dann, wenn sie voll ist, von der Gemeinde abgeholt. Dafür gibt es dann später bei der Gemeinde für den eigenen Garten und die Balkonpflanzen guten, fertigen Kompost .

Die Kompostkiste

Die Kompostkiste - Die umweltfreundliche Kompostfabrik auf eurem Balkon.

Es geht um Würmer, genauer gesagt, um Kompost- oder Rotwürmer. Diese Würmer gibt es im Anglergeschäft, und sie sind der brandheiße Tip für die Kompostkiste auf dem Balkon: Wie geht das? Ihr braucht zunächst eine etwa eimerhohe Holzkiste, die keine größeren Löcher haben sollte. Zur Einrichtung des Würmerheimes legt ihr dann eine lockere Schicht Walderde, Kaffeesatz und Obstschalen (keine Apfelsinen- und Zitronenschalen, die sind schädlich für die Würmer!) auf den Boden der Kiste. Nun könnt ihr die Würmer schon einsetzen. Ihr braucht für eine Kiste von etwa 10 Liter Inhalt etwa 500 Würmer. Nun könnt ihr in die Kiste, die auch einen Holzdeckel haben darf, alle Küchenabfälle hineinwerfen. Aber Vorsicht: Fleisch, Knochen und Fett mögen die Würmer überhaupt nicht. Aus den anderen Küchenabfällen wie Obstschalen, Gemüseresten und Kaffeesatz machen die Würmer in kürzester Zeit gute Erde, die ihr für eure Topfpflanzen benutzen könnt. Ihr müßt den Inhalt der Kompostkiste nur immer wieder vorsichtig mischen, damit die untersten Schichten nach oben kommen.

★ Umweltbewußte Kinder und Eltern kaufen nur Papierwaren aus Altpapier (100 Prozent Recyclingpapier). Nur wenn wir möglichst viele Produkte aus Recycling-Papier auch kaufen, nimmt uns die Industrie die alten Zeitungen und Zeitschriften zur Altpapierproduktion ab.

Wiederverwerten statt wegwerfen:

Recycling

Alte Zeitungen und Zeitschriften, leere Flaschen ohne Pfand (Einwegflaschen) und alte Kunststoffe aus dem Haushalt sind viel zu wertvoll für den Müll. Sie enthalten nämlich teure Rohstoffe, die in Fabriken für neue Pfandflaschen, große und kleine Kartons, dicke Pappen zum Verpacken oder gar für Umweltschutzpapier verwendet werden, und auch manchen Plasikmüll kann man wiederverwenden. Recycling nennt man diese tolle Idee. Das spart viel Geld und schont die Umwelt.

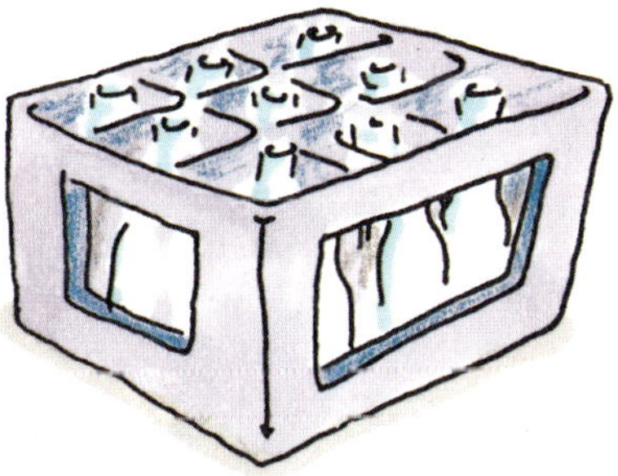

★ Sei keine Flasche! Getränke in Pfandflaschen sind schon längst selbstverständlich. Wenn es euer Lieblingsgetränk nicht in einer Pfandflasche gibt, gehört die Einwegflasche mit anderen Glasgefäßen natürlich in den Glascontainer zur Wiederverwendung.

★ Manchmal gibt es auch Sammelbehälter für Weißblech. Eure Gemeindeverwaltung weiß, wo. Besser ist es aber, erst gar keine Dosen zu kaufen.

★ Gut erhaltene Altkleider sollten in die Sammelaktion gegeben werden. Mancher Second-Hand-Kleiderladen zahlt dafür sogar noch einige Mark. So könnt ihr glatt euer Taschengeld aufbessern! (Aber besprecht das vorsichtshalber vorher mit euren Eltern.)

„Bomben" im Hausmüll

Ja, ihr habt richtig gelesen. Manchmal gibt es richtige „Bomben", die als Abfall auf keinen Fall in den Hausmüll dürfen. Natürlich nicht die schlimmen lauten Dinger, die explodieren. Die Bomben, um die es sich hier handelt, sind sehr leise und „schleichen". Richtige kleine chemische Zeitbomben: Farbreste, Batterien, Chemikalien, Spraydosen, Haushaltsreiniger, Lösungsmittel, Medikamente, Altöl, Holzschutzmittel, Pflanzenbehandlungs- und Schädlingsbekämpfungsmittel.

Zeitbomben heißen sie deshalb, weil sie sehr giftig sind und ganz langsam unsere Umwelt schädigen und irgendwann auch uns krank machen können. Sie alle gehören nur zur Sondermüllsammelstelle. Fragt in eurer Gemeinde nach, wo die nächstgelegene ist.

Der Giftkreis

Farbreste aus dem Bastelkeller, Altöl, Schädlingsbekämpfungs- und alte Holzschutzmittelreste sind Gift für euch und unsere Umwelt. Wenn ihr dieses Zeug nämlich einfach so in die Mülltonne werfen würdet (was ihr natürlich niemals tut, weil ihr ja wißt, wie schlimm das alles ist), dann würden die Dosen auf der Müllkippe auslaufen. Einfach so. Der Inhalt würde langsam versickern und irgendwann unser Trinkwasser vergiften. Oder wenn das Gift in der Müllverbrennungsanlage verbrannt wird, kommen winzige Mengen Gift mit dem Rauch in die Luft, die wir zusammen mit dem Gift dann einatmen. Und das kann ganz schön gefährlich sein. Deshalb: diese kleinen „Bömbchen" nur zur Sondermüll-Sammelstelle!

Auch hier könnt ihr unserer Umwelt helfen:

★ Kauft möglichst keine Batterien für euer Spielzeug und euren Walkman. Besser ist es vielmehr, wiederaufladbare Akkus zu kaufen, die zwar etwas teurer sind, aber bis zu 1000 mal wieder aufgeladen werden können. Ihr spart also den Kauf von 1000 Batterien! Und das schont nicht nur die Umwelt, es ist auch viel billiger. Ihr braucht dazu allerdings ein gutes Ladegerät. Laßt euch deshalb in einem guten Fachgeschäft beraten. Vor allem die ganz kleinen Knopfbatterien in LCD–Spielen können sehr giftige Schwermetalle enthalten.

Und wenn es unbedingt Batterien sein müssen, kommen nur solche mit der Bezeichnung „quecksilberfrei", „cadmiumfrei" oder „schwermetallfrei" in den Einkaufsbeutel. Uhren und Taschenrechner mit Solarzellen laufen auch ohne Batterien. Leere Batterien und irgendwann verbrauchte Akkus gebt ihr am besten in dem Geschäft wieder zurück, wo ihr diese kleinen Kraftwerke gekauft habt. Sie dürfen auf keinen Fall in den Hausmüll.

★ Spraydosen machen unsere Ozonschicht kaputt. Und die brauchen wir alle zum Überleben. Manche Dosen haben zwar heute schon weniger schädliches Treibgas, besser ist es jedoch, Pumpzerstäuber statt Spraydosen zu kaufen.

★ Alte Arzneimittel nimmt der Apotheker gerne an.

★ Altöl muß eure Tankstelle zurücknehmen, wenn eure Eltern das Motoröl dort gekauft haben. Mit dem Kassenbon zusammen nehmen auch manche großen Warenhäuser Altöl zurück. Ansonsten müssen eure Eltern es zur Sondermüllsammelstelle bringen. Fragt bei eurem Bürgermeister nach, wo diese ist.

Überhaupt ein ganz dicker Tip:

★ Wenn ihr nicht genau wißt, ob ein Produkt die Umwelt schädigt, fragt nach, ob es ein solches Produkt mit dem Blauen Umweltengel gibt. Wenn ein Umweltengel auf einer Sache ist, heißt das, daß sie im Vergleich zu anderen schon mal umweltfreundlicher ist.

Wenn ihr oder eure Eltern wissen wollt, welche Produkte es mit dem Umweltengel gibt, schreibt an das Umweltbundesamt. Die Adresse findet ihr weiter vorne. Dort bekommt ihr ein kostenloses Verzeichnis aller mit dem Umweltengel ausgezeichneten Produkte. Das Umweltbundesamt hat auch eine schöne, kostenlose Broschüre zum Thema Kompostieren.

Ideen und Aktionen:

Das Abfalltagebuch

Bittet eure Eltern, daß der Haushaltsmüll ab sofort bei euch zu Hause sortiert wird. Macht einen Wettbewerb zusammen mit euren Freunden, wer den Hausmüll am besten sortiert.

Dazu schreibt ihr auf einen Müllplan, wieviel pro Woche von jeder Müllsorte bei euch entsteht. Ein Pappkarton kann der Sammelbehälter für Papier und Pappe sein.

Ein zweiter ist für die (hoffentlich wenigen) Einwegflaschen da. Ein dritter für alle Kunststoffabfälle. Ein kleiner Karton ist für Sondermüll (Batterien usw.). Vielleicht könnt ihr sogar eine Komposttonne draußen aufstellen?

Der restliche Müll muß vorerst noch in den herkömmlichen Mülleimer. Die Flaschen entsorgt ihr dann im nächstgelegenen Flaschencontainer. Da könnt ihr mal so richtig Glas zerdeppern! Das Papier geht in die Papiersammlung oder in den Altpapiercontainer.

Ab sofort achtet ihr zu Hause darauf, daß nur noch Pfandflaschen gekauft werden und möglichst wenig Verpackungen ins Haus kommen. Viele Tips dazu habt ihr ja schon gelesen.

Aktion

„Öko-Kinder für Mehrweg"

Besprecht mit euren Lehrern, daß ihr etwas für den Gebrauch von Mehrweggeschirr tun wollt. Dazu geht ihr am besten zu zweit auf verschiedene Stadt- und Straßenfeste oder auch in Schnellrestaurants. Schreibt auf, ob hier Einweg- oder Mehrweggeschirr benutzt wird. Was das ist, wißt ihr ja sicher: Einweggeschirr wird nur ein einziges Mal benutzt und wandert dann in den Müll. Mehrweggeschirr kann dagegen gespült und immer wieder verwendet werden. Jetzt schreibt ihr die Vor- und Nachteile von Einweg- und Mehrweggeschirr für euch auf.

Anschließend könnt ihr ein großes Plakat mit den Ergebnissen gut sichtbar in eurem Klassenzimmer aufhängen.
Wenn ihr außerdem noch etwas tun wollt, schreibt ihr zusammen mit euren Lehrern einen Brief an die Leitung der Schnellrestaurants, die Einweggeschirr benutzen, und bittet ganz dringend darum, umweltschädliche Einwegverpackungen und Einweggeschirr abzuschaffen. Wenn ihr feststellt, daß auch auf Stadt- und Straßenfesten in eurer Gemeinde noch immer Einweggeschirr benutzt wird, könnt ihr den gleichen Brief auch an die Gemeinde oder Stadtverwaltung schicken. Diesen Brief solltet ihr alle unterschreiben und ein Exemplar an die Zeitungen in eurem Ort schicken. Dann kommt ihr bestimmt ganz groß raus.
Ergebnis: Ihr bekommt ganz sicher eine Antwort. Ihr solltet genau prüfen, ob darin eurer Meinung nach alles stimmt. Und wenn möglichst viele solche Briefe schreiben und bald überall nur noch Mehrweggeschirr eingesetzt wird, habt ihr ganz schön dazu beigetragen, den Abfallberg zu verkleinern.

Aktion

„Der umweltfreundliche Supermarkt"

Stellt in der Schule einmal eine Liste auf, welche Verpackungen ihr bei Lebensmitteln im Supermarkt untersuchen wollt.
Dann geht mit dieser Liste mit Freunden durch verschiedene Supermärkte und Lebensmittelläden und schreibt die Lebensmittel und ihre Verpackungen auf (z.B. Brot in Folie, Mineralwasser in Einwegflaschen, Käse lose usw.).
Anschließend stellt ihr für jeden Supermarkt eine Liste zusammen. Pluspunkte gibt es für unverpackte Lebensmittel und Pfandflaschen, Minuspunkte für Einwegflaschen, doppelt verpackte Lebensmittel usw. Als nächstes ermittelt ihr mit dieser Liste den umweltfreundlichsten Supermarkt. Dem Geschäft, das am besten abschneidet, und dem Supermarkt, der am schlechtesten ist, solltet ihr das Ergebnis in einem Brief zuschicken und auch noch eure Verbesserungsvorschläge beilegen.
Ergebnis: Ihr bekommt ziemlich sicher eine Antwort. Wenn viele mitmachen, könnt ihr mithelfen, daß unnötige und umweltschädliche Verpackungen verschwinden.

Stefan und Karin Uretschläger, 10 und 8 Jahre, aus Neukirchen haben uns dieses treffende Gedicht zum Müllsparen geschickt:

„Der Umweltschutz, ihr lieben Leute,
betrifft uns alle hier und heute!
Verschieben wir es nicht auf morgen,
laßt uns für saubere Umwelt sorgen!
Verpackung muß so oft nicht sein,
drum kaufen wir mit „Köpfchen" ein.
Wer Korb und Tasche mitgebracht,
der hat das schon recht gut gemacht.
Und trotz Gewühl und trotz Gedrängel:
wir achten auf den „Umweltengel".
Bei der Verpackung schaun wir an,
ob man sie auch recyceln kann.
Doch vieles kauft man besser lose
als in Plastik oder Dose.
Der beste Müll ist, wie ihr seht,
stets der, der gar nicht erst entsteht!"

Von Rennkisten, Superschlitten, Schienenflitzern und Mountainbikes

„Oaah, starke Kiste! Haste den gesehen, Mann?“ Jan genießt das Kutschieren im Auto. Seine Schwester Marike zeigt zwar nicht soviel Begeisterung, genießt die Autofahrt aber sichtlich auch.
Am schönsten ist es, wenn die Reise weit weg gehen soll. Dann freuen sich die Kinder. Das macht Spaß! Nach einer Stunde kräht allerdings Marike regelmäßig lauthals von hinten: „Wann sind wir endlich daaaahhhh?“
Erwachsene und Kinder verzichten also nicht so gerne auf das Auto. Nur wenige Familien fahren freiwillig mit der Bahn, dem Bus oder dem Fahrrad. Besonders in kleineren Städten und auf dem Land fahren oft nur wenige Busse oder Bahnen. Da ist ein Auto ein wichtiges und manchmal notwendiges Transportmittel. Man kommt halt schnell und einfach zur Arbeit, zum Einkaufen, Training, Klavierunterricht, zur Flötenstunde und wieder zurück. Das Auto fährt jederzeit, wenn jemand da ist, der es fahren kann.

Aber weil fast alle ein eigenes Auto haben, gibt es in unseren Städten schon zu viele Autos. Auf den großen Straßen, auf denen sie vorbeirauschen, in den kleinen, engen Straßen, durch die sie sich mühsam quälen, und auf den Bürgersteigen, wo rücksichtslose Autofahrer parken und euch Kindern den Platz zum Spielen wegnehmen. Auch die wenigen Spielstraßen stellen sie oft mit ihren Blechkarossen zu.
Und dann macht ja Autofahren auch nicht mehr viel Spaß, weil man dauernd im Stau steht und nicht vorwärts kommt, nicht nur in der Stadt, sondern auch auf Landstraßen und Autobahnen.

Hilfe, ich ersticke!

Habt ihr gewußt, daß das Auto einer der größten Umweltverschmutzer ist?

In vielen Straßen unserer Städte ist die Luft manchmal zu dick zum Atmen: zu viele giftige Abgase kommen aus Auspuffrohren. Der Katalysator im Auspuffrohr verhindert nur einen Teil der ganz giftigen Stoffe. Die Abgase werden dadurch aber nicht weniger. Und wenn die Luft im Winter so richtig in den Straßenschluchten „steht", muß sogar Alarm ausgelöst werden: Smog-Alarm. Dann ist die Luft so giftig, daß die meisten Autos in den Garagen bleiben müssen. Fahrverbot nennt man dies. Damit es erst gar nicht soweit kommt, lassen umweltbewußte Eltern immer öfter mal ihr Auto stehen. Der Umwelt zuliebe.

Ein umweltfreundliches Auto hat man bisher noch nicht erfunden. Auch ein Elektroauto besteht aus vielen Teilen wie Metallen, Glas, Kunststoffen, Gummi und besonders vielen Bleibatterien. Und Elektroautos brauchen Strom aus der Steckdose. Und Strom muß erzeugt werden. In Kohle- oder sogar in Atomkraftwerken. Immerhin, Abgase pustet das Elektroauto nicht in die Luft.

„Aber wenn Autofahren doch so schön ist!" erwidern die Kinder. „Was wäre, wenn es keine Autos mehr gäbe?" fragt Marike. Ja, was wäre? Keine Urlaubsfahrt im Auto, sondern mit der Eisenbahn. Kein schneller Besuch bei Onkel Willi am Wochenende. Kein Kind müßte abgeholt werden vom Fußball- und Handballturnier oder vom wöchentlichen Flötenunterricht – oder man muß viel mehr organisieren ...

Die Umwelt schützen, ohne auf das Auto zu verzichten

Was könnt ihr Kinder und eure Eltern tun, um die Umwelt zu schützen, ohne dabei ganz auf das Auto zu verzichten?

Einige von euch haben gute Vorschläge gemacht:

★ Pascal Dörr, 9 Jahre, aus Illingen hat einen Tip, wie ihr selbst dazu beitragen könnt, die Luft sauber zu halten. Fahrt mit dem Fahrrad in euer Training und laßt euch nicht von eurer Mutter mit dem Auto fahren.

★ Elena Papst, 6 Jahre, aus Karlsruhe schlägt vor, Fahrgemeinschaften zu bilden, wenn man nicht ganz auf das Auto verzichten kann.

★ Ingrid Gokeler, 14 Jahre, aus Göppingen schreibt dazu: „Seht ihr oft triste Betonmauern und fade Häuser? Dem ist abzuhelfen. Nämlich mit Efeu, der Kletterpflanze, die bis zu 20 m hoch klimmen und über 400 Jahre alt werden kann. Wenn ihr spazierengeht, kommt ihr irgendwann einmal an einen mit Efeu überwachsenen Baum, ein Haus oder eine Mauer. Dort schneidet ihr ein paar abstehende Zweiglein ab und stellt sie solange ins Wasser, bis sich Wurzeln zeigen. Dann könnt ihr sie an eure Hauswand, Garage oder sonstwo in die Gegend pflanzen. Wenn der Efeu gewachsen ist, brüten Vögel in ihm, und dieser Ort sieht viel schöner aus als zuvor. Viele Tiere nehmen den Efeu dankbar an. Natürlich reinigt er auch die Luft, die laufend von Auto- und Fabrikabgasen verschmutzt wird."

Aber ihr könnt noch mehr tun:

★ Umweltbewußte Kinder und Erwachsene benutzen für kurze Strecken nie das Auto. Fahrten zum Bäcker oder zum Friseur um die Ecke sind sehr umweltschädlich. Vielleicht haben eure Eltern noch nicht genügend darüber nachgedacht?

★ In der Großstadt sind Busse, Straßen-, U-Bahn oder S-Bahn und die Eisenbahn umweltfreundlichere Möglichkeiten zur Fortbewegung. Nutzt so oft wie möglich diese Verkehrsmittel. Je mehr Menschen damit fahren, um so mehr und öfter müssen die Busse, S-Bahnen, Straßen- und U-Bahnen fahren, um die vielen Menschen zu befördern. Und damit wird es wiederum leichter, von einem Ort zum anderen zu kommen. Fahrt wo immer möglich mit dem Rad. Aber: Kinder sollten – wenn vorhanden – immer Radwege benutzen. Nehmt an einem Verkehrssicherheitstraining teil, um das Risiko auf der Straße so gering wie möglich zu haltem, und tragt unbedingt einen guten Fahrradhelm. So schützt ihr euch vor gefährlichen Kopfverletzungen.

★ Fragt eure Eltern, ob sie bereit sind, ihr Auto mit Freunden und Nachbarn manchmal gemeinsam zu nutzen. Das spart auch noch viel Geld.

★ Laßt euch und eure Eltern beim Neuwagenkauf nicht von PS und Höchstgeschwindigkeit des Autos blenden. Wichtiger ist heute vielmehr, daß das Auto möglichst wenig Benzin verbraucht, geringe Schadstoffwerte hat und später möglichst viel davon wiederverwertet werden kann.

★ Sprecht mit euren Eltern darüber, ob sie mit Arbeitskollegen Fahrgemeinschaften auf der Fahrt zur Arbeitsstätte bilden können oder ob Kinder nicht wenigstens zusammen abgeholt und gebracht werden können, anstatt daß jeder Vater und jede Mutter einzeln losfährt.

★ Fahrt öfter gerade lange Strecken mit der Bahn. Das ist total umweltfreundlich. Sogar eure Fahrräder nimmt die Bahn mit. Und für Familien bietet die Bahn günstige Tarife an. Das ist letztlich viel billiger als die Anschaffung eines Autos.

Ideen und Aktionen:
Aktion

„Einmal in der Woche ohne"

Ihr wißt selbst vielleicht, wie das ist: Wenn wir uns erst einmal an etwas Angenehmes gewöhnt haben, fällt es uns schwer, plötzlich ganz darauf zu verzichten. Besonders, wenn es bisher soooooo bequem war. Also ist es am besten, wenn wir uns ganz allmählich daran gewöhnen, künftig etwas ganz anderes zu tun.

Fragt eure Eltern, ob sie bereit sind, mitzumachen: Schreibt einmal auf, bei welcher Gelegenheit ihr und eure Eltern mit dem Auto fahrt, sowie die Kilometer pro Fahrt. Nach einiger Zeit werdet ihr feststellen, daß es fast immer nur kurze Strecken waren. Dann überlegt, wie ihr diese Fahrziele anders erreicht hättet. Mit dem Bus, der Straßenbahn, dem Fahrrad? Danach solltet ihr beschließen, regelmäßig einen autofreien Tag festzulegen.

Dann soll das Auto wie angeschraubt auf der Straße oder in der Garage bleiben. Und wer von der Familie dagegen verstößt, muß in der nächsten Woche an zwei Tagen aussetzen. Und so weiter. Macht das Experiment vielleicht erst einmal zwei Monate lang. Das haben schon viele erfolgreich probiert. Warum solltet ihr dies nicht auch schaffen?

Ergebnis: Nach zwei Monaten fällt es allen viel leichter, auf das Auto öfter einmal zu verzichten.

Von Hitze, Kälte, Licht und Dunkelheit. Wir verschleudern keine Energie – nee!

Kommt Strom einfach aus der Steckdose?

Immer wenn irgend etwas passiert, ist Energie im Spiel: Wenn sich etwas bewegt, Krach oder Musik macht, warm, heiß oder kalt wird, dann geschieht das dadurch, daß sich eine Form von Energie, zum Beispiel Bewegung, in eine andere, zum Beispiel Wärme, umwandelt. Reibt doch mal mit der Hand über den Tisch (Bewegung), dann entsteht Wärme an eurer Hand und dem Tisch. Wenn ihr rumtobt, dann verwandelt sich biochemische Energie, die im Essen ist, in Bewegungsenergie. Und wenn eine Lampe brennt, dann ist das auch eine Form von Energie. Energie ist überall, und sie tritt in ganz verschiedenen Formen auf:

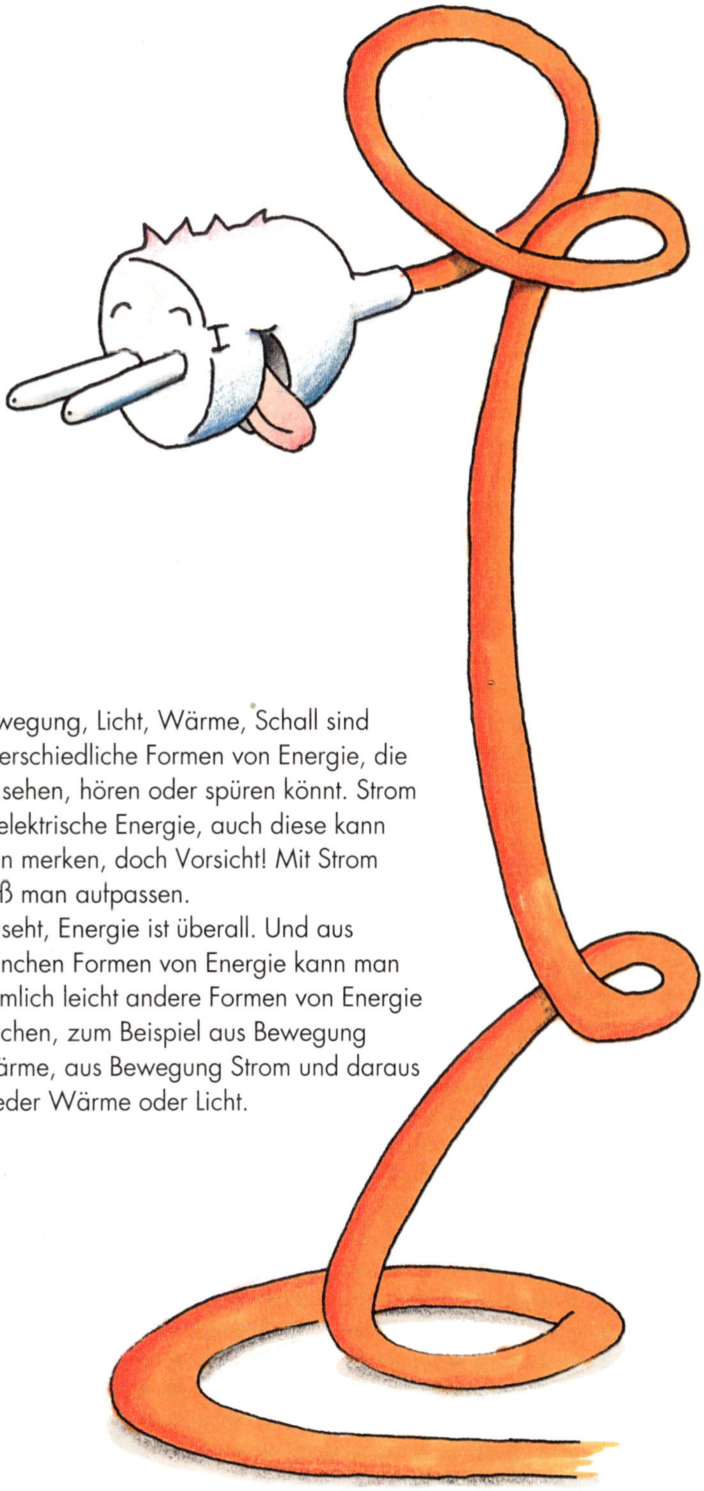

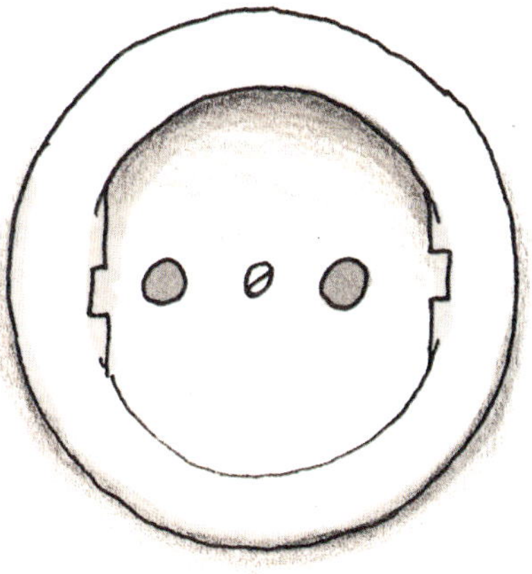

Bewegung, Licht, Wärme, Schall sind unterschiedliche Formen von Energie, die ihr sehen, hören oder spüren könnt. Strom ist elektrische Energie, auch diese kann man merken, doch Vorsicht! Mit Strom muß man aufpassen.
Ihr seht, Energie ist überall. Und aus manchen Formen von Energie kann man ziemlich leicht andere Formen von Energie machen, zum Beispiel aus Bewegung Wärme, aus Bewegung Strom und daraus wieder Wärme oder Licht.

Und nun zum Strom

Strom ist eine ganz wichtige Form von Energie, weil man daraus ganz leicht praktisch alle anderen Formen von Energie machen kann. Schaut euch mal um, wo überall Strom verwendet wird: für die Erzeugung von Wärme im Herd, Musik aus der Stereoanlage, Licht in der Lampe, Bewegung im Mixer. Aber wo kommt der Strom her? Aus der Steckdose, klar. Aber wie wird er gemacht, und wie kommt er dahin?

Dazu muß man eine Menge über Energie wissen. Ihr seid ja sicher schon mal im Dunkeln Fahrrad gefahren und habt das Licht angemacht. Das Licht entsteht durch Strom, der im Dynamo durch Bewegung erzeugt wird – das Rädchen am Dynamo dreht sich durch die Bewegung des Rades und letztendlich durch eure Bewegung und Anstrengung. Der Strom fließt über Kabel zur Lampe und wird in der Glühbirne zu Licht.

Genauso werden – mit großen und sehr großen Dynamos – auch riesige Mengen Strom erzeugt und dann mit vielen Kabeln und Leitungen zu den Fabriken und Häusern geleitet.
Ja, aber wie werden nun diese riesigen Dynamos in Bewegung gesetzt? Da hat man sich viel einfallen lassen: Die Dynamos werden zum Beispiel durch Wasser, in Bewegung gesetzt. Wenn ihr schon mal ein Wasserrad gesehen habt, dann wißt ihr im Prinzip, wie das geht. Man kann die Dynamos aber auch durch Luft mit Propellern antreiben, wie die Flügel einer Windmühle.

Die meisten Dynamos werden jedoch in großen Kraftwerken durch Wasserdampf angetrieben. Wenn Wasser in einem geschlossenen Gefäß verdampft, entwickelt sich ein hoher Druck, mit dem ein Dynamo angetrieben werden kann. Wenn ihr das nicht glaubt, dann fragt doch mal euren Vater, ob er den Deckel von einem Topf mit kochendem Wasser so fest zudrücken kann, daß kein Dampf mehr rauskommt. Ihr werdet sehen, er schafft es nicht. Der Dampf schiebt den Deckel auf. Und diese Kraft nutzt man, um die Dynamos anzutreiben. Das geschieht in großen Kraftwerken, wo das Wasser mit Feuer aus Öl oder Kohle (chemische Energie) oder mit Hitze aus Atomenergie zu Dampf gemacht wird. Die Kraftwerke erkennt ihr vor allem an den vielen großen Leitungen und an den Kühltürmen, in denen der Dampf wieder zu Wasser gekühlt wird.

Wenn euer Vater nun auf dem Fahrrad Strom erzeugt

Das klingt ja alles ganz gut, werdet ihr denken. Das Problem ist allerdings, daß das Verbrennen von Kohle und Öl sowie die Atomenergie für die Umwelt schädlich sind. Deswegen sollte man möglichst wenig Strom verbrauchen, um die Umwelt zu schonen.

Stellt euch mal vor, ihr müßtet den Strom in eurem Haus selbst erzeugen. Dazu müßten eure Eltern so eine Art Trimm-Dich-Fahrrad kaufen, bei dem über die Pedale direkt ein Dynamo angetrieben wird, der den Strom erzeugt. Was glaubt ihr, was ihr alles tun könnt, wenn euer Vater nun auf dem Fahrrad Strom für euch erzeugt?

Also Musikhören ist kein Problem. Wenn es dunkel wird, könnt ihr auch noch zwei oder drei Lampen anmachen, und euer Vater kann immer noch lächeln. Wenn ihr dann die Musik abschaltet und den Fernseher anmacht, wird euer Vater mit der Zeit ganz schön ins Schwitzen kommen. Am Programm hätte er sicher keine Freude mehr.

Und wenn ihr noch in der Küche ein Licht anschaltet, werden die ersten Beschwerden kommen, und mit der Zeit werden Licht und Fernseher dunkler werden, weil euer Vater nicht mehr so kraftvoll in die Pedale treten kann wie am Anfang.

Wenn ihr nun Hunger habt und Nudeln kochen wollt, könnt ihr versuchen, den Fernseher aus- und den Herd anzuschalten und euren Vater fest anzutreiben. Das Wasser wird vielleicht warm werden. Aber um Nudeln auch zu kochen, müßt ihr euch schon zu dritt oder viert auf Fahrräder setzen. Dasselbe gilt für die Waschmaschine und die Spülmaschine. Und auch für den Kühlschrank muß zumindest einer allein ganz schön in die Pedale steigen. So wärt ihr und eure Familie einen großen Teil des Tages beim Radeln im Keller, um den Strom für einen ganz normalen Tagesablauf zu erzeugen.

Damit ihr euch all diese Anstrengung sparen könnt, läßt man in Kraftwerken Feuer (durch Verbrennen von Kohle, Öl oder Gas), Atomenergie, Wasser, Wind oder sogar die Sonnenenergie und die Gezeiten für die Menschen arbeiten. Vielleicht könnt ihr euch jetzt besser vorstellen, wieviel das ist. Und meistens leidet die Umwelt darunter. Also ...

Umweltfreundlichere Formen der Energieerzeugung sind durch Wind, Sonne, Wasser und Gezeiten möglich, weil diese Energien in der Natur direkt vorkommen.

★ Energiespartips ★

★ Schaltet immer das Licht aus, wenn ihr für längere Zeit aus einem Zimmer oder aus der Wohnung geht.

★ Staubt die Glühbirnen eurer Lampen regelmäßig ab, denn der Staub schluckt Licht. Wenn die Glühbirnen oder die Lampen sehr verstaubt sind, müßt ihr zusätzliche Lichter anschalten, die zusätzlichen Strom verbrauchen.

★ Öffnet die Kühlschranktür immer nur kurz, und laßt sie niemals lange offen stehen. Der Kühlschrank „frißt" mehr Strom, wenn er immer laufen muß.

★ Fragt doch eure Eltern, ob sie nicht besser Energiesparlampen statt Glühbirnen kaufen. Die sind zwar teurer in der Anschaffung, verbrauchen aber fast zehnmal so wenig Strom und halten auch viel länger. Das spart echt viel Geld und schont die Umwelt.

★ Stellt deshalb auch niemals warme Mahlzeiten oder heiße Getränke zum Abkühlen in den Kühlschrank.

★ Überprüft mit einem Thermometer, wie kalt euer Kühlschrank ist. 8 Grad Celsius reichen. Eine tiefere Temperatur bedeutet mehr Energieverbrauch.

HÜGELDRECK UND

ERDLOCHMIST

Umweltgeschichte zum Vor- und Selberlesen

KAPITEL 1

Rita Ratte und der wachsende Müllberg

Hier seht Ihr die Ratte Rita. Ihre Wohnung liegt am Waldesrand neben der neuen Müllhalde. Rita sitzt gemütlich in der Sonne und freut sich über all die schönen Dinge, die die Menschen wegwerfen. Sie kann gar nicht verstehen, wo sie den ganzen Müll hernehmen. „Das müssen echt fleißige Leute sein, die Menschen", denkt sich Rita. „Die machen sicher den ganzen Tag nichts anderes als Müll, Müll und immer mehr Müll! Na, mir soll das recht sein. Ich finde das ganze Zeug herrlich!" Und Rita beobachtet, wie der Müllberg jeden Tag wächst. Große Müllautos kommen, kippen ihre Ladung aus, fahren wieder weg und holen neuen Müll. So geht es von morgens bis abends, jeden Tag.

Rita findet das sehr spannend. Viele Dinge, die die Menschen wegwerfen, kann sie prima gebrauchen. Einen alten Autoreifen hat sie zum Beispiel in ein erstklassiges Schwimmbad verwandelt. Leere Dosen benutzt sie für ihre Vorräte. Neulich haben die Menschen sogar einen alten Kühlschrank zur Müllhalde gebracht. Rita weiß noch nicht so recht, wofür sie ihn benutzen soll. Aber weil er so schön glatt ist, nimmt sie ihn erst mal als Sitzplatz.

Manchmal fragt sie sich allerdings, wieviel Müll die Menschen noch machen wollen. „Eigentlich ist der Berg jetzt groß genug für mich", denkt sich Rita eines Tages. „Bald kann ich von meinem Kühlschrank aus gar nicht mehr auf die andere Seite gucken. Vielleicht sollte ich den Menschen in den Müllautos mal sagen, daß es langsam genug ist!"

Gesagt, getan. Rita klettert auf den Müllberg und winkt den Menschen im Müllauto freundlich zu. Aber statt die Ratte Rita anzuhören, machen die Menschen einfach weiter. Rita ärgert sich und schimpft: „Ja, was bilden die sich denn ein? Die sind doch nicht ganz dicht! Die tun ja gerade so, als wären sie alleine auf der Welt!"

Wütend kehrt sie um und setzt sich auf ihren Kühlschrank. Aber lange hält sie es da auch nicht mehr aus. Der Müllberg wächst so schnell, daß ihre Wohnung und sogar der schöne Kühlschrank bald ganz darin versinken. Außerdem verpesten übelriechende Dämpfe und giftig stinkende Schwefelschwaden die Luft. Knallbunte Lackfarbenreste und schmieriges Altöl verdrecken das Wasser. Rita bekommt einen schrecklichen Husten. Und nachdem sie sich einmal gewaschen hat – denn auch Ratten waschen sich hin und wieder –, wachsen ihr lauter grüne Pickel auf dem ganzen Gesicht.

Rita ist entsetzt und denkt: „Der Müll, den die Menschen da machen, der ist ja sogar für mich ganz fürchterlich. Ich fühl' mich schon ganz krank. Da hau' ich lieber ab und such' mir einen neuen Platz!" Sie packt ihre Sachen zusammen, schnappt ihr Skateboard und fährt schleunigst davon.

KAPITEL 2

Rita Ratte trifft Manfred Maulwurf

Schon nach kurzer Reise findet Rita einen schönen Platz auf einer hügeligen Wiese, der sich hervorragend eignet als Rattenheim. Fast ist es Rita ein bißchen zu ordentlich. Aber ein paar leere Dosen und Flaschen gibt es auch hier. Am besten gefällt Rita, daß die Menschen ein altes Sofa, ein Radio und auch einen Kühlschrank vor ihrer neuen Wohnung abgestellt haben. „Warum die das wohl nicht mehr haben wollen?" fragt sich Rita. Aber eine Erklärung findet sie nicht. Es ist ihr auch egal. Mit den Menschen will sie nichts mehr zu tun haben. Sie räkelt sich zufrieden auf ihrem Sofa und singt ihr Lieblingslied:

Ich riech' Altöl und Dreck,
sehe Plastikbesteck,
leere Dosen und Glas,
ja, das macht Spaß.
Und ich denk' so bei mir:
Ach, wie schön ist es hier!

Aber plötzlich kommt Bewegung in ihre frisch sortierten Vorräte. Mit einem Höllenlärm rumpeln die Flaschen, Dosen und Büchsen durcheinander. Und zwischen all dem Gerümpel schiebt sich schildkrötenlangsam eine behaarte, schwarzbraune Schnauze hervor. Rita bekommt Angst um ihre schönen Vorräte. Doch bevor sie etwas sagen kann, ruft das Tier mit der schwarzbraunen Schnauze: „Hügeldreck und Erdlochmist! Was liegt denn hier auf meinem Hügel rum? Fast hätte ich mir die Nase aufgeschnitten an diesem blöden Müll!" Das ist zuviel für Rita. Sie schimpft wütend zurück: „Jetzt paß mal gut auf, du Erdheini. Was du blöden Müll nennst, das ist mein Zuhause. Alles garantiert reiner Luxusmüll. Und wenn dir das nicht paßt, dann verschwinde gefälligst wieder unter der Grasnarbe. Wer bist du überhaupt?"

„Also, also", stottert das fremde Tier, „also, mit Verlaub, mein Name ist Manfred Maulwurf. Ich wohne hier am Erdhügel Numero 7. Und wenn Sie gestatten, werde ich erst mal den Müll von meinem Hügel wegräumen." – „Halt, halt! Immer mit der Ruhe", sagt Rita, „da sind doch lauter tolle Sachen dabei! Ich bin Rita Ratte und habe gar nichts dagegen, wenn die Menschen alte Autoreifen, Limoflaschen und Plastiktüten wegwerfen. Ich fühl' mich wohl im Dreck und such' mir die besten Sachen aus."

Der Maulwurf klettert endlich ganz aus seinem Erdhügel heraus und setzt sich schüchtern auf einen alten Autoreifen. Er sieht sehr schlecht und blinzelt mit den Augen, weil er das Sonnenlicht nicht gewöhnt ist. Dann murmelt er leise: „Seltsam, seltsam. Das muß ich irgendwie verschlafen haben." – „Was mußt du verschlafen haben?" fragt Rita neugierig. „Na, das alles hier", sagt Manfred Maulwurf, „das mit dem Müll und den Limoflaschen und den Autoreifen. Als ich mich zum Winterschlaf hingelegt habe, da war hier noch eine saftige Wiese, und die Erde roch so gut und war voller Regenwürmer. Hügeldreck und Erdlochmist, da habe ich ja einiges aufzuräumen!" – „Ich hab' dir doch erklärt, daß das prima Sachen sind", sagt Rita. „Außerdem: wo willst du den Müll denn hinräumen, du Erdheini?" Mit dieser Frage hat der Maulwurf nicht gerechnet. „Ja, wo soll ich ihn hinräumen? Hier wohnen doch überall so ordentliche Tiere wie ich, die können den Müll sicher auch nicht gebrauchen." – „Siehst du", sagt Rita, „also laß am besten alles, wie es ist, und mach hier keinen Streß. Die Menschen machen sowieso jeden Tag immer mehr Müll, so schnell kannst du gar nicht aufräumen!"

Manfred Maulwurf ist entsetzt. Er sagt: „Entschuldigen Sie, Frau Rita. Aber das ist ja ganz furchtbar. Wenn die Menschen jeden Tag mehr Müll machen, dann ist ja bald kein Platz mehr für uns Tiere! Wir werden noch alle ersticken in dem Dreck.“ Da wird sogar die freche Rita plötzlich nachdenklich und sagt: „He, du Erdheini, da hast du ja ausnahmsweise mal recht! Aus meiner alten Wohnung mußte ich auch schon flüchten, weil der Müll sogar mich krank gemacht hat. Und wenn wir nichts unternehmen, wird es hier bald genauso aussehen!“

„Hügeldreck und Erdlochmist!“ ruft der Maulwurf. „Sie kennen sich doch aus in der Welt, Frau Rita. Was können wir denn nur tun, damit die Menschen nicht immer mehr Müll machen?“ – „Hm“, sagt Rita, „ich weiß da auch nicht weiter. Am besten, wir fragen einfach mal nach, was die anderen Tiere dazu sagen. Ich kenne zwei Frösche, die wohnen gar nicht weit weg von hier. Vielleicht haben die ja eine Idee. Auf, los geht´s!“

KAPITEL 3

Rita und Manfred treffen die Frösche

Rita Ratte setzt Manfred hinten auf ihr Skateboard, und in wilder Fahrt geht es auf und davon. Manfred ist ein bißchen aufgeregt, weil er seine Wohnung noch nie verlassen hat. Aber Rita pfeift und freut sich über die Abwechslung. Nachdem sie drei Hügel überquert und zwei Täler durchfahren haben, erscheint am Horizont ein kleiner Tümpel. Den Tümpel kann der kurzsichtige Manfred zwar noch nicht sehen. Aber das Quaken der Frösche, das der Wind heranträgt, hört er schon deutlich.

„Quak, Quak! Die Welt ist schlecht", jammert Horst von Frosch. „Quak, Quak! Die Sonne scheint", antwortet darauf Sabine von Frosch. Die Sonne brennt in der Tat sehr stark. Und wenn die Sonne brennt, trocknen Froschhäute schnell aus. Frösche müssen dann sehr häufig ins Wasser. Sabine von Froschs Haut ist schon ziemlich ausgetrocknet. Sie möchte deshalb gerne schwimmen gehen, aber Horst hält sie fest und sagt: „Du, Sabine, paß auf. Mit unserem Tümpel, da stimmt was nicht. Ich habe vorhin eine ausgelatschte Schuhsohle, eine halbgefüllte Spülmittelflasche und einen toten, nicht mehr ganz frischen Fisch geangelt." – „Ach du Jammerlappen!" ruft Sabine, „laß mich doch los! Mir ist heiß, ich geh' jetzt schwimmen!"

Mit einem eleganten Sprung hüpft sie ins Wasser, spritzt Horst naß und taucht fröhlich bis zum Grund, aber plötzlich wird ihr ganz übel, und sie beeilt sich, schnell wieder an Land zu kommen. „Puh, was ist denn heute nur los?" fragt Sabine. „Das Wasser riecht ja so komisch, und mir ist ganz schlecht geworden!" – „Das wundert mich gar nicht", sagt Horst, „sieh dir doch mal den ganzen Schaum und das andere eklige Zeug an! Da muß einem ja schlecht werden! Hier sollten wir nie mehr baden gehen!"

Sabine läßt traurig den Kopf hängen. Da kommen Rita Ratte und Manfred Maulwurf am Tümpel an. Rita sagt: „Tag, ihr zwei Trauerklöße! Das ist mein Nachbar Manfred Maulwurf. Wir sind aufgebrochen, um euch zu fragen, was wir tun können, damit die Menschen nicht immer mehr Müll machen. Habt ihr da nicht eine Idee?" – „Quak", antwortet Horst von Frosch, „das ist gut. Ja, Müll machen sie wirklich zu viel, die Menschen. Und das ist noch nicht alles. Sie machen auch Schaum und jede Menge Abwässer, die unseren Tümpel vergiften. Aber was wir dagegen tun können, weiß ich wirklich nicht. Quak, quak! Die Welt ist schlecht!"

Sabine von Frosch gibt nicht so schnell auf. Sie ruft: „Aber ich weiß was! Wir sollten einfach mal nachschauen, wo all der Dreck und Müll überhaupt herkommt. Am besten, wir gehen hier am Bach entlang. Der Bach fließt nämlich in unseren Tümpel und bringt mit seinem Wasser all das eklige Zeug mit."

„Gute Idee", meint Rita, „los geht's. Jetzt sind wir schon zu viert!"

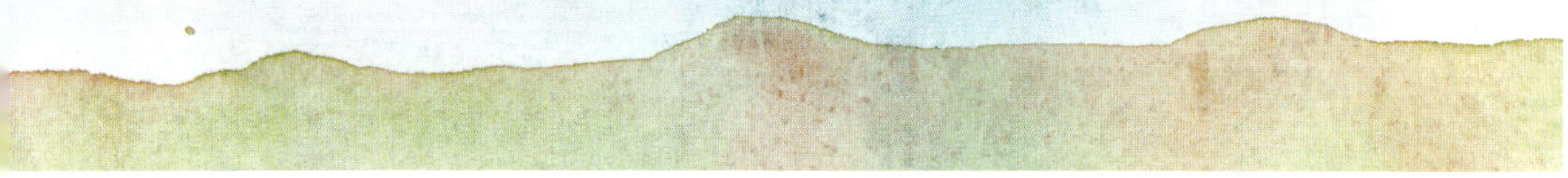

KAPITEL 4

Die Vögel

Die vier brechen gemeinsam auf und wandern am Bach entlang. Unterwegs treffen sie auf zwei Vögel, die hustend und prustend in einem Baum sitzen. Neugierig fragt Sabine von Frosch: „Was ist denn mit euch Piepmätzen los?" – „Piepmätze?" wiederholt der eine Vogel empört, „werde nicht frech, du Frosch. Wir sind zwei berühmte Sänger. Ich bin Bäng Bäng Hänk, und das ist mein Kollege Schrei Laut. Wir sind unterwegs nach Afrika." – „Na, dann laßt uns doch mal ein Liedchen hören, wenn ihr wirklich so tolle Sänger seid!" verlangt Rita. Aber Schrei Laut antwortet bekümmert: „Tja, das ist ja unser Problem. Wir haben nämlich unsere Stimme verloren und können nur noch krächzen." – „Wieso denn das?" fragt der Maulwurf mitleidig.

„Naja", erklärt Bäng Bäng Hänk, „das liegt an dem ganzen Dreck, den die Menschen in die Luft blasen. Wir wohnen in einer großen Stadt, da gibt es viele Fabriken und Schornsteine und Autos. Diese Dinger stoßen alle riesige Rauchschwaden aus. Gelbe, grüne, weiße und schwarze Rauchschwaden. Wenn man da dauernd drüberfliegt wie wir, dann kriegt man Husten und wird schließlich ganz heiser davon." – „Ja", stimmt Schrei Laut zu, „und jetzt fliegen wir eben nach Afrika, um uns zu erholen."
„Also, nun hört mal zu, ihr heiseren Sänger", meint Rita, „mein Nachbar Manfred Maulwurf und ich, wir wohnen an der stinkenden Müllkippe am Waldrand. Und die beiden Frösche hier, die haben auch Ärger mit den Menschen, weil sie in ihrem Tümpel nicht mehr baden können. Wir wollen gerade nachschauen, wo der ganze Dreck herkommt und was wir dagegen tun können. Ihr solltet also lieber mit uns kommen, statt nach Afrika abzuhauen und uns hier im Dreck sitzenzulassen!"
Das sehen die Vögel ein und schließen sich den Tieren an. Ihr Weg führt sie immer weiter am Bach entlang. Vorneweg laufen Rita Ratte und Manfred Maulwurf. Rita muß den Maulwurf manchmal stützen, weil er nicht so gut sieht. Hinter den beiden hüpfen die Frösche und quaken aufgeregt vor sich hin. Den Vögeln ist das Laufen zu anstrengend, deshalb fliegen sie immer ein kleines Stückchen voraus und warten dann in einem Baum auf die anderen Tiere. So sehen sie auch als erste die große Straße, die mitten durch den Wald führt.

KAPITEL 5

Die Igel

Am Straßenrand stehen zwei Igel, ein großer und ein kleiner. Sie heißen Rüdiger und Willy und sind Brüder. Rüdiger, der ältere Bruder, findet die Straße prima. Er kennt die Namen aller Autos, die vorbeifahren. „Mensch, Willy", ruft er gerade, als die Vögel sich über ihnen in einen Baum setzen, „Willy, schau mal, das war ein Porsche! Mensch, der geht vielleicht ab, sag' ich dir!" Aber Willy ist gar nicht begeistert: „Ich weiß nicht, was daran so toll sein soll", sagt er. „Wie sollen wir bloß auf die andere Seite kommen? Diese Blechkisten, die rasen mit einem Tempo, die fahren uns einfach platt, wenn wir da rübergehn!"
„Warum fliegt ihr denn nicht?" fragt Schrei Laut. „Fliegen?" ruft Rüdiger, „hast du schon mal einen Igel gesehen, der fliegen kann? Haha, der Witz ist gut!"
„Ist ja wahr", gibt Schrei Laut zu, „das hab' ich glatt vergessen, daß ihr gar nicht fliegen könnt. Was wollt ihr denn auf der anderen Seite der Straße?" – „Unseren Vorrat holen", antwortet Willy. „Ja", erklärt Rüdiger, „vor unserem Winterschlaf, da war diese Straße nämlich noch nicht da. Und da haben wir lauter leckere Sachen auf der anderen Seite vergraben, irgendwo dahinten!"
Inzwischen sind auch die anderen Tiere eingetroffen. Rita Ratte staunt. So etwas wie diese Straße hat sie noch nie gesehen. Die Müllautos, die sie von zu Hause kennt, sind lange nicht so schnell wie die Autos, die es hier gibt. „Toll", ruft Rita, „das ist doch riesig, wie diese Blechkisten hier langflitzen! Wieso guckt ihr zwei Igel denn so traurig aus den Stacheln?" – „Ja, das ist nämlich so", erklärt Rüdiger, „toll sind sie schon, die Autos. Aber wenn man wie wir seine Vorräte auf der anderen Seite der Straße hat, dann ist das natürlich blöde."
„Wieso?" fragt Rita. „Ihr braucht doch nur ganz schnell rüberzurennen. Wartet mal, ich mach's euch vor, aufgepaßt!" Damit nimmt sie Anlauf und rennt los. Die anderen Tiere halten den Atem an. Plötzlich hören sie Reifen quietschen, ein Auto bremst und hupt, Rita schreit laut auf und kommt zitternd zurück. „O weh, o weh", stottert Rita, „na, das wäre beinahe schiefgegangen! Ist ja riesig gefährlich, diese Straße!"

Der Maulwurf ist ganz blaß geworden vor Schreck. Er flucht: „Hügeldreck und Erdlochmist! Warum müssen sich die Menschen denn auch in solche schauderlichen Blechkisten setzen? Haben die denn keine Beine zum Laufen wie wir?" – „Doch, natürlich", erklärt Willy, der kleine Igel, „natürlich haben die Menschen Beine. Aber weil es ihnen immer nicht schnell genug gehen kann, klettern sie in ihre Blechkisten und sausen los. An uns denken die dabei überhaupt nicht!"

Manfred Maulwurf ist anderer Meinung. Er sagt: „Ich weiß nicht, ich weiß nicht, so böse sollten Sie nicht über die Menschen sprechen, Herr Igel. Ich glaube, die wissen einfach gar nicht, daß uns ihre Autos, ihr Müll und ihre Schornsteine stören könnten. Wir müssen es ihnen vielleicht nur mal sagen!" – „Hört euch den Erdheini an", spottet Rita, die sich schon wieder erholt hat, „der glaubt wirklich, daß die Menschen sich für uns interessieren. Die ersticken ja selbst an ihrem Dreck und ändern sich nicht. Ich sage euch, die sind nicht ganz dicht!"

„Ach, Frau Rita", meint da der Maulwurf wieder, „jetzt sind wir doch schon so weit gewandert! Da können wir doch nicht einfach aufgeben!" Die anderen Tiere stimmen ihm zu. Auch die beiden Igel wollen mitkommen. Bäng Bäng Hänk, der heisere Singvogel, hat einen Vorschlag: „Laßt uns weiter am Bach entlanggehen", sagt er. „Der Bach führt zu der Stadt, in der wir wohnen. Da könnt ihr sehen, wo der Müll gemacht wird und wo der Qualm herkommt und all der andere Dreck! Und vielleicht könnt ihr da auch mit den Menschen reden."

KAPITEL 6

Der Waschbär

Die Tiere ziehen also gemeinsam weiter. Der Bach schlängelt sich jetzt kurvenreich durch das Tal. Und hinter einer besonders scharfen Kurve stoßen die Tiere auf eine ganz sonderbare Gestalt. Es ist der Waschbär Waldemar. Er sitzt am Bach und ist bei seiner Lieblingsbeschäftigung: Er wäscht und wäscht und wäscht. Rita spottet: „Na, schau mal an, der Saubermann. Du machst ja ganz schön viel Schaum, du Putzteufel!"
Waldemar Waschbär dreht sich um und antwortet stolz: „Guten Tag, ihr lieben Tiere. Ja, ich wasche und reinige im Auftrag der Menschen alles, was ich hier am Bach so finden kann: Autoreifen, Plastikbeutel, trockenes Laub, Äste, Papierschnipsel und leere Dosen. Denn gegen jeden Fleck gibt's ein Mittel, dann ist er weg!"
Sabine von Frosch erschrickt, als sie das hört: „Aber dann bist du ja dran schuld, daß wir in unserem Teich nicht mehr baden können. Dein ganzes Waschmittel und Reinigungspulver vergiftet unser Wasser! Die Fische sind bereits gestorben, und wir sind auch schon ganz ausgetrocknet!"
Waldemar Waschbär will aber immer noch nicht aufhören zu waschen. Er sagt ein bißchen beleidigt: „Schaut euch doch erst mal an, was für eine eklige Brühe aus der Fabrik da drüben in den Bach fließt. Ich mache ja nur ganz wenig lustigen, weißen Schaum!" Da wird Bäng Bäng Hänk, der heisere Sänger, ärgerlich. Er sagt: „Du meinst wohl, nur weil andere den Bach verschmutzen, könntest du es auch machen. Hör auf damit, und hilf besser mit, die Menschen am Dreckmachen zu hindern!"
Das sieht Waldemar Waschbär ein und hört endlich auf zu waschen. Er sagt: „Also, wenn meine Waschmittel wirklich so giftig sind, dann will ich sie den Menschen

zurückbringen. Aber was können wir denn tun, damit die Menschen auch was ändern?" – „Ich weiß was", strahlt Manfred, „wir verstopfen die Abflußrohre, damit kein Dreckwasser mehr in den Bach fließen kann." Als er dies sagt, wird er feuerrot im Gesicht. „Und wir", fügen die Vögel hinzu, „verstopfen mit unseren Nestern die Schornsteine, damit kein Qualm mehr herauskommt."
Nun mischt sich aber auch noch Horst von Frosch ein und dämpft die Begeisterung. Denn er sagt: „Quak, quak, die ganze Welt ist schlecht. So viele Schornsteine und Abflußrohre, wie die Menschen haben, können wir gar nicht verstopfen." Nachdem Horst dies gesagt hat, verläßt alle Tiere der Mut, und sie werden traurig. Aber wieder hat Manfred Maulwurf plötzlich eine tolle Idee. Er ruft: „Ich hab's! Da hilft nur eins, wir brauchen Verstärkung. Die Kinder müssen uns helfen. Es ist auch ihre Erde, die kaputtgemacht wird. Und außerdem sind Kinder sowieso viel vernünftiger als Erwachsene. Wir erklären ihnen einfach, daß jeder bei sich selbst anfangen muß und immer weniger Müll machen soll."
„Mensch, du Erdheini", sagt Rita fröhlich, „das ist ja ein genialer Einfall! Wir erzählen den Kindern, daß die Umwelt uns alle angeht und daß jeder etwas tun kann, um zu helfen. Schließlich hat ja sogar unser Saubermann hier kapiert, daß er so nicht weitermachen kann. Wenn jedes Kind ein bißchen aufpaßt, daß nicht immer mehr Müll gemacht wird, dann wäre das doch schon mal ein toller Anfang!"
„Aber", fragt der Waschbär, „wie sollen die Kinder das denn machen?" – „Das ist doch ganz klar", ruft Rita, „die Kinder können zum Beispiel beim Einkaufen darauf achten, daß die Eltern Pfandflaschen kaufen, die man nicht wegwerfen muß. Außerdem sollten sie zum Einkaufen Stofftaschen mitnehmen, damit sie nicht jedes Mal eine oder sogar mehrere Plastiktüten brauchen. Sie können auch dafür sorgen, daß bei ihnen zu Hause nur umweltfreundliche Waschmittel verwendet

werden und daß die Familie nicht mit dem Auto, sondern lieber mit dem Zug in die Ferien fährt. Ja, und was man sonst noch so alles machen kann, um Müll zu sparen und der Umwelt zu helfen, das wissen die Kinder sicher besser als ich." Ehrlich gesagt, fällt der Rita nämlich nichts mehr ein.
Am nächsten Tag gehen die Tiere in die Stadt und suchen sich eine schöne Wiese. Sie rufen alle Kinder zusammen und spielen ihnen die Geschichte von den Tieren und dem Müll vor, so ähnlich wie ihr sie gerade gelesen habt. Die Kinder hören aufmerksam zu und haben viele gute Ideen, was man noch tun könnte, damit den Tieren geholfen wird. Und kurz vor dem großen Schlußapplaus singen die Tiere zusammen mit den Kindern:

Frösche und Pflanzen, Vögel und Wanzen
gibt's schon viele tausend Jahre.
Hunde und Katzen, Tiger, die kratzen,
doch auch die Menschen, ach bewahre!

Es gibt nur eine Erde,
die wird von uns bewohnt,
hollahi-hollahi-hollaho.
Und wer das nicht versteh'n will,
den schießen wir zum Mond,
hollahi-hollahi-hollaho!

Die Großen und Kleinen, ich kenne keinen,
der nicht gerne schwimmt in klaren Flüssen.
Und Wiesendüfte und saubre Lüfte,
damit das bleibt, da müßt ihr wissen:

Es gibt nur eine Erde ...

Mitmach-Theater: Spiel und Spaß beim Umweltschutz

Eine Reportage von Katja und Hans

Im Rahmen der Sommeraktionen von Mehr Zeit für Kinder war das Mitmach-Theater „Die Umwelt geht uns alle an" 1992 acht Wochen lang unterwegs. In acht verschiedenen Städten wurde jeweils für sieben Tage eine Theaterstadt aufgebaut, die viele Zuschauer anzog.
Katja und Hans (12 Jahre) aus Saarbrücken waren eine Woche lang mit dabei
Hier ihr Bericht:

1. Tag, Montag

Katja erzählt:
Auf der Wiese hinter dem Staatstheater stehen Zirkuswagen. Hans und ich sind neugierig geworden und gucken uns die ganze Sache aus der Nähe an.
Wir fragen:
„Kommt der Zirkus, oder was ist hier los?"

Zelt nach dem Aufbau

„Nein, kein Zirkus", antworten die Männer, die die Zelte aufbauen. „Hier gastiert eine Woche lang ein Theater!" Wir fragen, wann es denn richtig losgeht, und wie hoch der Eintritt ist. Die Arbeiter antworten uns, daß wir am besten am Dienstagmorgen noch mal wiederkommen, weil dann alle Schauspieler und Theaterkünstler da sind. Jetzt sind Hans und ich erst recht neugierig und sehen uns auf dem Platz noch etwas um. Wir entdecken bunte Zirkuswagen und ein großes Zelt, das hochgezogen wird. Morgen werden wir wieder kommen.

2. Tag, Dienstag

Der Platz am Dienstag

Hans erzählt:
Gleich nach dem Frühstück holt Katja mich ab. Wir wollen auf dem schnellsten Weg zum Theaterplatz! Was dort wohl gestern abend und in der Nacht noch alles passiert ist? Als wir auf den Platz kommen, sehen wir neben dem Theaterzelt vier kleinere Zelte stehen. Außerdem sind viel mehr Menschen auf dem Platz, die alle irgend etwas tun. Wir fragen den ersten, den wir treffen, was hier denn stattfindet und wann es anfängt. So lernen wir Ekki kennen. Er spielt im Theaterstück den Maulwurf Manni. Ekki erzählt uns einiges vom Umwelttheater von Mehr Zeit für Kinder: daß es am Mittwochmorgen um 10.00 Uhr losgeht, daß der Eintritt frei ist, und was an den anderen Tagen sonst noch passiert. Wir lernen noch die anderen Schauspieler und Helfer kennen: Doro, die die Ratte Rita spielt, Doris und Niclas, die das Ehepaar Frosch spielen. Volker spielt die Morgenröte und den Vogel Hänk, und Tina den Waschbären Waldemar. In den Spiel- und Bastelzelten sind André, Jörg und Georg. Zum Schluß sehen wir noch Ralf, der im Theaterzelt für die Technik verantwortlich ist. Die Mehr Zeit für Kinder-Leute sind sehr fröhlich, und wir haben viel Spaß miteinander. Dann ist es aber Zeit für uns, nach Hause zu gehen. Wir verabschieden uns und versprechen, morgen pünktlich um 10.00 Uhr da zu sein. Wie gut, daß wir zur Zeit Ferien haben und nicht zur Schule müssen!

Rita Ratte

Georg, Tina, Doro, André, Markus, Jörg

3. Tag, Mittwoch

Katja erzählt:
Hans und ich sind schon um 9.30 Uhr auf dem Platz. Die Schauspieler haben bereits ihre Kostüme an. Wir winken ihnen zu und sehen uns noch ein wenig auf dem Platz um. Neben dem Zelteingang hängt ein großes, buntes Plakat mit dem Programm von heute:

Die Morgenröte

Manni Maulwurf

Mittwoch:

10.30 Uhr–11.15 Uhr: Theaterstück „Hügeldreck und Erdlochmist"

11.30 Uhr–12.00 Uhr: Das Spiel „Müll ohne Grenzen"

12.00 Uhr–14.00 Uhr: Malen, basteln und schminken in den kleinen Zelten

14.00 Uhr–15.00 Uhr: Theaterreise im großen Zelt, Erdball- und Fallschirmspiele auf dem Platz

15.00 Uhr–16.00 Uhr: Malen, basteln und schminken in den kleinen Zelten, Fragen an den Regisseur des Stückes im Theaterzelt

16.15 Uhr–17.00 Uhr: Theaterstück „Hügeldreck und Erdlochmist"

17.00 Uhr: Ende

Endlich geht es los! Das Zelt ist voll mit Kindern, und die Vorstellung fängt an. Die Morgenröte erscheint auf der Bühne und erzählt, daß sie verschlafen und den Maulwurf nicht geweckt hat. Wir Kinder rufen alle: „Maulwurf, aufwachen!" Manni Maulwurf kriecht aus seinem Erdhügel und fängt zu singen an. Daraufhin wird auch die Ratte Rita wach und klettert aus ihrem Kühlschrank. Die beiden lernen sich kennen und plaudern miteinander. Sie erzählen sich Geschichten von Tieren, die Probleme mit dem ganzen Müll in ihrem Wald oder im Tümpel haben.

Endlich geht es los!

Hänk und Howy, die beiden Vögel, haben ihre Singstimmen verloren, weil die Luft so verschmutzt ist. Für die beiden Igel Rüdi und Willi wird's im Wald gefährlich, weil dort eine Straße gebaut worden ist. Die Frösche Horst und Marina angeln nichts als Müll aus ihrem Tümpel und sind darüber sehr empört. Am Ende des Stückes überlegen die Tiere gemeinsam, etwas gegen den ganzen Müll zu tun. Besonders gut gefallen uns die Lieder, die die Tiere singen. Es ist auch gar nicht so schwer mitzusingen.
Bevor wir nach Hause gehen, spielen Hans und ich noch mit dem Fallschirm.

Fallschirmspiel mit Doro

Erdballspiel mit Jörg

4. Tag, Donnerstag

Hans erzählt:

Auch heute sehen wir uns noch einmal das Theaterstück an. Danach spielen wir mit Ekki das Spiel „Müll ohne Grenzen". Die Gruppe, in der ich mitspiele, wird zweiter Sieger. Weil das Spiel soviel Spaß macht, wollen wir es auf meiner Geburtstagsfeier draußen nachspielen.
Die Spielregeln hat Ekki mir ganz genau erklärt:

„Müll ohne Grenzen": An diesem Spiel können 3–5 Gruppen teilnehmen. In jeder Gruppe können 5–8 Kinder mitspielen. Für jede Gruppe ist eine Bahn abgesteckt, die ungefähr 10 m lang und 1,5 m breit ist (kann mit Flatterband markiert werden). Auf jeder Bahn sind drei Hindernisse aufgebaut:
1. Hindernis: Ein aufblasbares, mit Wasser gefülltes Planschbecken, in dem Fische, Frösche und Pflanzen, aber auch Dosen schwimmen. Die Teilnehmer müssen die Gegenstände, die nicht in einen Tümpel gehören, mit einer Magnetangel (einem Holzstock mit Schnur, an deren Ende ein Magnet befestigt ist,) herausangeln.

„Müll ohne Grenzen"

Zuschauer bei dem Spiel „Müll ohne Grenzen"

2. Hindernis: Eine Bank oder ein Tisch, worauf verschiedene Verpackungen liegen. Die Teilnehmer müssen die umweltfreundlichsten Verpackungen herausfinden.
3. Hindernis: Eine Bank, auf der verschiedene Abfallprodukte liegen. Die Teilnehmer müssen den Abfall in die dafür vorgesehene Abfalltonne sortieren (Kompost, Plastik, Weißblech, Papier, Glas, Batterien). Sobald das erste Kind aus jeder Gruppe das Ende der Bahn erreicht hat, startet das zweite, usw. Der „Schiedsrichter" moderiert das Spiel, und die Zuschauer feuern die Teilnehmer an.

Nach „Müll ohne Grenzen" spielen Katja und ich noch in den kleinen Zelten. Jörg erklärt uns, wie man Windrädchen baut, und was man mit Windenergie alles in Bewegung setzen kann. An einer Holzwand drehen sich durch Sonnenenergie Propeller, Rädchen, usw. Georg zeigt uns, wie das funktioniert. Das finden wir sehr spannend! Zum Abschied singen wir im großen Zelt mit Ekki und Niclas noch ein paar Lieder. Die Lieder aus dem Stück „Hügeldreck und Erdlochmist" können wir schon richtig gut mitsingen, weil wir das Stück schon ein paarmal gesehen haben.

Georg und Jörg helfen beim Windrädchen–Basteln

Wettlauf beim Spiel „Müll ohne Grenzen"

Kinder beim Schminken

5. Tag, Freitag

Katja erzählt:
Heute ist unser Workshoptag! Direkt nach der Vorstellung machen Hans und ich bei einem Theaterworkshop mit. Wir sind in der Rattengruppe. Die Ratte Rita übt mit uns den Ratten-Rap ein. Wir sind aufgeregt, weil das ganz schön schwierig ist. Insgesamt sind wir 15 Kinder in der Gruppe. Bis wir den Rap alle können, vergeht einige Zeit. Am Ende klappt's aber ganz prima, und wir freuen uns alle auf die Galavorstellung am Samstag.

Rita Ratte und zwei Kinder proben den Ratten-Rap

Ratten-Rap:

Wir sind die Ratten. Wir wohnen auf dem Müll.
Wir finden, Müll ist super und fressen davon viel.
Das ist für uns das Paradies! Wir lieben all den Dreck!
Drum rufen wir euch Menschen zu: Schmeißt alles weg!
Immer mehr, immer mehr. Immer, immer mehr.
Immer mehr, immer mehr. Schmeißt alles weg!
HUA!

Markus zeigt uns im Schmink- und Kostümzelt, wie wir am Samstag auftreten werden. 15 Ratten auf einem Haufen! Das sieht ganz schön lustig aus!

Die ganze Rattenbande

6. Tag, Samstag

Hans erzählt:
Heute um 15.00 Uhr ist es soweit! Dann heißt es für uns: Vorhang auf! Wir Kinder spielen das Stück „Hügeldreck und Erdlochmist". Unsere Eltern und Geschwister sind auch eingeladen.

Die Aufregung ist groß! Doch vorher müssen wir uns schminken und verkleiden. Wie die einzelnen Tierkostüme aussehen, könnt ihr unten lesen! Wenn ihr Lust habt, könnt ihr euch ja mal als Ratte oder Waschbär verkleiden!

Maulwurfkind in der Vorstellung

Maulwurf: Schwarze Hose, schwarzer Pulli; Kappe mit Fellresten im Nacken und Taschenlampe; einige Haare rausstehend; kleiner Schwanz; große gelbe Gummihandschuhe; alte Sandalen; gelbe Socken; Spaten oder Schaufel; runde Nickelbrille.
Ratte: Graue Hose; grauer Pullover; langer Schwanz; Rattenschnauze mit Zähnen und Barthaaren; spitze Ohren; wirre Haare; Turnschuhe; Sonnenbrille; Ghettobluster; Verzierungen; kleiner Mensch auf Schulter.
Waschbär: Felljacke mit Kragen; Hose mit Fellresten an den Füßen; buschiger Schwanz aus Fellresten; Hut mit spitzen Ohren an den Seiten; spitze Nase; weiße Kittelschürze. Das ganze Kostüm dick ausstopfen!
Vögel: Kopfkappe mit langem Schnabel; Taucherbrille; graue Pluderhose; Flügelarme; Socken mit Krallen.
Igel: Mütze mit Pfeifenputzer als Stacheln; unterschiedlich karierte Hemden; braune Cordhosen; große Holzschuhe; spitze Nasen; Radschlüssel o.ä.
Frösche: Grüne Hose, grüner Pulli, grüner Schal; Taucherbrille; Schwimmflossen; Schnorchel.
Ihr könnt Körperteile wie Ohren, Nasen, usw. aus Pappe und Papier basteln und dann mit dünnem Gummi befestigen.

Vogelkinder in der Vorstellung

Marina, die Froschfrau

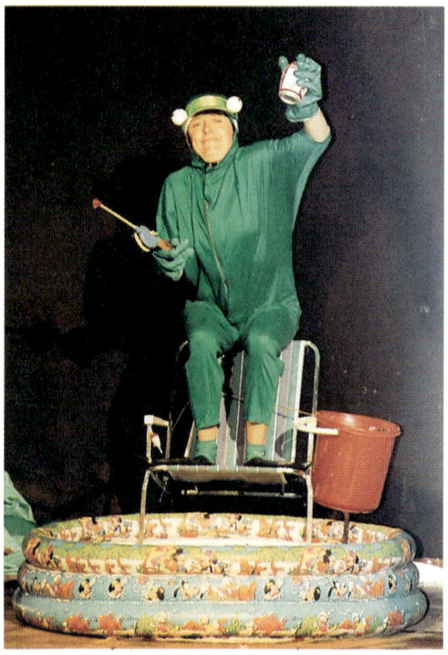

Waschbärenkinder in der Vorstellung

Um 14.00 Uhr ist eine Generalprobe, damit nachher alles gut klappt. Alle Gruppen – Ratten, Frösche, Vögel, Igel und die Maulwurf-Bande – proben im Theaterzelt noch einmal ihre Szenen. Dabei haben wir sehr viel Spaß, weil wir immer neue Ideen haben. Um 14.45 Uhr dürfen die Besucher ins Zelt. Punkt 15.00 Uhr hören wir die Musik der Morgenröte. Volker sagt die erste Kindergruppe an. Dann geht es Schlag auf Schlag, bis wir beim Finale alle gemeinsam auf der Bühne stehen und das Abschlußlied singen:

„Es gibt nur eine Erde,
die wird von uns bewohnt.
Rattazäng, Rattapäng, Rattapoing.
Und wer das nicht verstehen will,
den schicken wir zum Mond.
Rattazäng, Rattapäng, Rattapoing."

Die Zuschauer sind genauso begeistert wie wir! Sie klatschen so lange, bis wir wieder auf die Bühne kommen. Katja und ich sind froh, daß wir soviel geübt haben. Unsere Lehrerin, die das Stück auch gesehen hat, hat die Idee, es in der Klasse einmal zu spielen. Darauf freuen wir uns jetzt schon! Nach der Aufführung ist im großen Zelt Kinder-Disco bis zum Schluß.

7. Tag, Sonntag

Katja erzählt:
Heute ist Familientag. Meine Eltern und mein Bruder gehen mit zum Mehr Zeit für Kinder-Theater. Den ganzen Tag malen, basteln und spielen wir zusammen. Meine Mutter macht bei der Theaterreise mit, und mein Vater läßt sich als Clown schminken. Zu Mittag machen wir Picknick.
Um 15.00 Uhr ist wieder eine Vorstellung mit Kindern und Erwachsenen. Diesmal sind wir Zuschauer. Aber auch das macht viel Spaß!

Ecki spielt mit groß und klein

Vater als Clown verkleidet

Kind im selbstgebastelten Haus

Doro bastelt mit den Kindern

Vater mit Kind in der Kartonstadt

Nach der Aufführung treffen sich alle Schauspieler auf der Wiese vor dem Theaterzelt. Wir reden über die letzten fünf Tage und sind jetzt schon traurig, daß das Theater weiterzieht. Vielleicht sehen wir uns im nächsten Jahr!

Zirkuszelt mit Theatergruppe

HEISSE FÄHRTE

Der Natur auf der Spur

Indianerschule

Hierzu benötigt ihr: Bastelgips, einen alten Becher, einen Rührstab und etwas Wasser

Die Indianer haben uns Weißen einiges voraus – sie können Spuren lesen. Aber kein Problem! Mit etwas Übung können auch wir den Tieren auf dem Feld, am Strand, im Wald und im Schnee auf die Schliche kommen. Durch Regen, Wind, Flut, Neuschnee oder Menschen werden diese Spuren allerdings schnell wieder verwischt. Ein bißchen Fährte kannst du aber trotzdem mit nach Hause nehmen, wenn du sie als Gipsabdruck ausgießt.

Und so wird's gemacht:
Wenn du einen deutlichen Abdruck gefunden hast, mach um ihn herum einen etwa zwei Finger hohen Wall, oder du nimmst einen fertigen Rahmen (also ein Holzkistchen ohne Boden).

1. In einem Becher rührst du etwas Bastelgips an. Er sollte aber recht flüssig sein, damit er sich gut gießen läßt.

2. Vom Rand aus läßt du den Bastelgips dann langsam in den Rahmen hineinfließen; wie ein Lavastrom füllt er deine wertvollen Spuren aus.

3. Wenn der Gips fest und trocken ist, kannst du ihn vorsichtig abheben, sauber machen und den Abdruck bestaunen.

Da war doch noch etwas:
Du solltest die Spurensicherung am Strand nicht kurz vor der Flut versuchen.

Mord im Rosenbeet

Blattlauskolonien findet ihr im Frühsommer an sehr vielen Pflanzen im Garten, z. B. an Rosenknospen, sofern keine Gifte eingesetzt wurden, oder auch an anderen Stellen. Seht euch solch eine Kolonie einmal genau an!

★ **Sehen alle Läuse gleich aus?**

★ **Sind sie alle gleich groß?**
★ **Besteht die Kolonie nur aus Läusen?**

★ **Welche anderen Tiere erkennt ihr noch?**

Auf den gewachsenen Kolonien sind nämlich (fast) immer auch andere Tiere als Blattläuse. Auffällig sind Ameisen, die auf der Kolonie umherlaufen.
Sie lecken die zuckerhaltigen Ausscheidungen der Läuse auf, wobei sie mit ihren Fühlern den Hinterleib einer Laus betrillern. Mit etwas Geduld könnt ihr solche „melkenden" Ameisen finden. Andererseits bewachen die Ameisen ihre Kolonie, indem sie Feinde vertreiben. Ihr könnt das beobachten, wenn ihr einen Marienkäfer vorsichtig in „eure" Blattlauskolonie setzt. Die Ameisen versuchen sofort, ihn zu vertreiben.
Zwischen den Läusen erkennt ihr aber sicherlich auch längliche, sechsbeinige, schwarze Tiere mit orangefarbenen Punkten. Dies sind Marienkäferlarven, die die Blattläuse auffressen. Wenn ihr genau hinseht (Lupe!), erkennt ihr vielleicht, wie eine Larve gerade eine Blattlaus aussaugt, indem sie ihre Kiefer in die Laus geschlagen hat.
Vielleicht findet ihr auch kleine schleimig-schwarze „Würmer" am Rand der Kolonie. Das sind Larven von Schwebfliegen, die ebenfalls Läuse fressen.
Daraus entwickeln sich die schwarz-gelb geringelten „Hubschrauber", die in der Luft stehen können. So können sie bei Störung blitzschnell einige Meter zur Seite fliegen. Diese Schwebfliegen sehen zwar durch die Wespenzeichnung gefährlich aus, sind aber absolut harmlos und können nicht stechen.
Wenn ihr etwas gegen ein Massenaufkommen von Blattläusen unternehmen wollt, solltet ihr euch nicht gleich der herkömmlichen „Giftspritze" bedienen.
Mit dieser Hammermethode beseitigt ihr nicht nur Blattläuse, sondern tötet bzw. belastet auch andere Insekten und Organismen. Es ist besser, wenn man versucht, mit biologischen Maßnahmen zur Blattlausbekämpfung der Lage Herr zu werden.
Einige natürliche Feinde der Blattlaus wurden ja bereits genannt: Marienkäferlarven und Schwebfliegenlarven. Zusätzlich kann man den Ohrwürmern, die ebenfalls natürliche Feinde der Blattlaus sind, eine Möglichkeit geben, sich verstärkt anzusiedeln. Man hängt dafür mit Holzwolle gefüllte Blumentöpfe mit der Öffnung nach unten in die Nähe der befallenen Pflanzen (möglichst so, daß sie einen Ast berühren). Nach der Brutpflege, ab Mitte Juni, siedeln sich die Ohrwürmer hier gerne an.

Außerdem könnt ihr die befallenen Pflanzen auch mit einer Brennesseljauche begießen. Dafür benötigt ihr einen Eimer mit 10 l Wasser und etwa 1 kg Brennesselkräuter. Die Jauche muß täglich einmal umgerührt werden und kann nach ungefähr 2 Wochen, wenn sie nicht mehr schäumt, in einer Verdünnung von 1 : 10 auf die Pflanzen aufgebracht werden.
Manchmal hilft aber auch schon ein scharfer Wasserstrahl, der die Blattläuse vertreibt. Der Vorteil dieser biologischen Methoden liegt in der Schonung anderer Tiere und in dem schnelleren Abbau der benutzten Naturstoffe.

Original und Fälschung

Diese Freiluft-Rallye benötigt ein bißchen Vorbereitung, ist aber ein echter Spaß für einen gemeinsamen Spaziergang. Ein Spielleiter geht vorher die geplante Strecke ab und baut lauter „falsche" Sachen in die Natur ein. Er kann zum Beispiel einen Tannenzapfen an eine Buche hängen. Andere Varianten sind: ein Apfel als Frucht einer Linde; Ebereschenblüten in einem Holunderstrauch; einen Kochlöffel, Schuh, Flasche usw. zu der Wegbepflanzung gestellt; eine Zimmerpflanze neben einen Strauch. Auch hier stehen viele Möglichkeiten offen. Je nachdem, wie schwer die Täuschungen gemacht sind, muß man ganz schön genau hingucken. Weil vier Augen mehr sehen als zwei und damit es mehr Spaß macht, werden je zwei Personen mit einem Schreibblock ausgerüstet auf den Weg geschickt. Wer entdeckt wohl die meisten Täuschungen?

Schmuckes aus der Natur

Hierzu benötigt ihr: Muscheln, Kleber (natürlich lösungsmittelfrei), Rohlinge

Im letzten Urlaub hast du sicher wieder Muscheln und Steine gesammelt, und die von vor vier Jahren stehen auch noch im Regal. Wohin bloß damit? Wegwerfen – nein, dafür sind sie zu schade. Immer angucken?

Das geht auch nicht. Es gibt so viele formschöne Steine, schöne Muscheln, farbige und gedrehte Schneckenhäuser, sehr schön anzufühlende Rindenstücke, schillernde Federn, Steine mit Loch und viele andere verwertbare Dinge. Die Lösung ist, kleine, feine und natürliche Schmuckstücke damit herzustellen. Mit etwas Fingerspitzengefühl und Geschick kannst du daraus Anstecknadeln, Ohrringe, Haarspangen und Ketten machen. Viele Bastelläden haben die Nadeln, Clipse und Spangen, die dafür nötig sind. Mit Kleber kannst du diese Rohlinge (kommt nicht von ungehobelt) an deinen Funden befestigen. Einige Muschelschalen haben oben schon ein kleines Loch. Ganz so, als wäre es extra für deine Kette gemacht.

Versuche zum Nachweis von Luftverschmutzung

Unsere Luft ist belastet durch Autoabgase sowie durch Abgase aus den Schornsteinen der Industrie und Heizkraftwerke, aber auch der privaten und öffentlichen Haushalte. Einen Teil dieser belastenden Stoffe können wir nicht sehen, manchmal können wir sie aber riechen. Gemeint sind die „Gase".
Andere Schadstoffe, wie z.B. Staub, Ruß und Rauch, können wir sehen. Aus manchen Schornsteinen sieht man oft braune oder graue Luft in den Himmel steigen. Mit ein paar einfachen Versuchen könnt ihr Luftverschmutzung „sichtbar machen". Ihr könnt z.B.:

★ im Winter Schnee schmelzen. Dabei sucht ihr euch ein wenig sauberen, weißen Schnee und ein bißchen schmutzigen Schnee. Laßt beide Sorten Schnee in getrennten Eimern schmelzen und gießt das Schmelzwasser jeweils über ein weißes Tuch. Die Partikel, die nun in dem weißen Tuch hängenbleiben, sind Stoffe, die in der Luft als Schadstoffe enthalten sind. Sie werden mit dem Niederschlag zum Teil ausgewaschen, gelangen in den Boden und von dort ins Grundwasser. Über das Grundwasser gelangt das Wasser nach gewisser Zeit wieder an die Oberfläche und versorgt Pflanzen und andere Lebewesen. Die Schadstoffe gelangen so größtenteils in den Wasserkreislauf und belasten Umwelt und alles, „was kreucht und fleucht".

★ ein Stück weißes Papier außen und innen auf das Fensterbrett kleben. Das Papier laßt ihr ein paar Tage dort kleben und vergleicht dann das Ergebnis. Unterschiede werdet ihr besonders an Fenstern feststellen, die beispielsweise an einer stark befahrenen Straße liegen – im Gegensatz zu Fenstern, die an Gärten oder andere ruhige Plätze grenzen.

★ Verbrennungen jeder Art hinterlassen Rückstände (Ruß etc.) in der Luft. Wenn ihr eine Kerze brennen laßt und darüber einen weißen Teller haltet, könnt ihr das nachprüfen.

★ In einem Lichtstrahl, der in einen dunklen Raum fällt (von einer Taschenlampe, Licht eines Diaprojektors, Sonnenstrahlen ...), kann man Staubpartikel beobachten.

★ Umwickelt die Staubsaugeröffnung mit einem feuchten, weißen Tuch und saugt kurze Zeit. Was könnt ihr beobachten?

Schmetterlinge:

schillernde Schönheit, Zartheit der Bewegung – anmutig anzusehen.

Abgesehen von der Freude, die sie uns bereiten, sind sie auch noch Nahrung für die bedrohten Fledermäuse. Aber die Zerstörung ihrer Lebensräume, z.B. durch denEinsatz von Unkrautvernichtungsmitteln, der Hang zu exotischen Gewächsen und die aufgeräumten Gärten, all das bedroht die Schmetterlinge ernsthaft. Den einen oder anderen Falter wird es wohl noch länger geben, aber die Vielfalt nimmt ab. Um uns selber ein Sommervergnügen zu bereiten, braucht es nur wenig Mühe. In einer stillen Ecke im Garten, nahe dem Komposthaufen oder in einem Blumenkasten, kann man Schmetterlingspflanzen säen. Zum Beispiel: Ampfer, Brennesseln, Disteln, Herbstastern, Faulbaum, Judassilberlinge, Klee, Kohl, wilde Möhre, Thymian, Sommerflieder, Storchenschnabel, Phlox, Veilchen, Wegerich, Weg-Rauke und Wicken. Diese Pflanzen dienen entweder den Raupen als Nahrung, oder sie geben den fertigen Schmetterlingen Nektar. Ganz allgemein hilft es vielen Tieren schon, wenn sie eine Wiese statt eines kurzgeschorenen Rasens vorfinden. Auch euer Stadtgartenamt ist sicher offen für nette Briefe und sinnvolle Vorschläge, an welchen Stellen Schmetterlingspflanzen angepflanzt werden können.

Gefahr im Schmetterlingshain

Alle Mitspieler flattern als Schmetterlinge durch einen sonnigen, blumenreichen Garten und genießen das Leben. Doch den Schmetterlingen droht Gefahr! Welche Gefahren das sind, könnt ihr ja vorher alle zusammen überlegen. Der Spielleiter ruft die Gefahr aus, und die Schmetterlinge müssen so schnell wie möglich reagieren. Wer sich nicht fix genug versteckt, tarnt oder totstellt, den erwischt die Gefahr. Dieser Spieler scheidet aus.

Variation: Je nachdem, wo gespielt wird, können es andere Tiere und andere Gefahren sein.

Die lebende Kamera

Die beiden Spieler eines Pärchens entscheiden sich, wer Kamera und wer Fotograf ist. Auf der Suche nach einem geeigneten Motiv führt der Fotograf seine blinde Kamera behutsam durch die Gegend. Wenn er ein besonders sehenswertes Motiv gefunden hat, muß er seine Kamera im richtigen Blickwinkel ausrichten. Der Auslöser wird durch (zartes) Ziehen am Ohrläppchen der Kamera betätigt. Die Belichtungszeit kann durch die Dauer des Auslösens bestimmt werden. Ist der Film „voll", nach ca. 5–7 Bildern, vergleichen Kamera und Fotograf ihre Bildeindrücke.

Algen-Briefpapier ganz individuell

Hierzu benötigt ihr: Schale, Platte, Wasser, Pinsel, Alge, Lappen, Zeitung

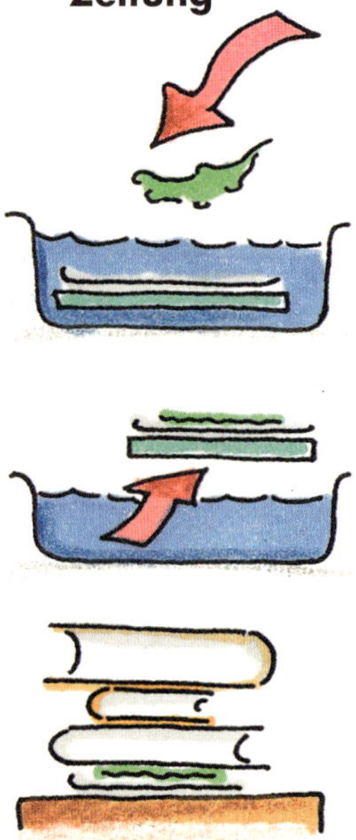

Am Spülsaum vom Strand kannst du viele Grün-, Braun- und Rotalgen finden. Liegen sie verknotet und trocken im Sand, machen sie nicht viel her; im Wasser jedoch erblühen sie zu voller Schönheit. Du kannst die Algen, wie andere Pflanzen auch, sammeln und pressen (herbarisieren). Eine andere wunderschöne Idee ist, sie zur Herstellung eines eigenen, einmaligen Briefpapiers zu verwenden.

Und so wird's gemacht:

1. Auf den Boden einer mit Wasser gefüllten Schale legst du eine Platte oder Scheibe und ein etwas dickeres Blatt Papier.

2. Dann lege die Alge in deine Schale und sieh zu, wie sie sich entfaltet. Wenn du vorsichtig die Platte hebst, bleibt die Alge auf dem Papier liegen.

3. Im seichten Wasser kannst du mit dem Pinsel ihre Anordnung auf dem Blatt bestimmen – ganz so, wie es dir gefällt. Entweder besonders naturgetreu oder künstlerisch gestaltet.

4. Abschließend muß die Alge getrocknet werden. Dafür legst du am besten behutsam einen Leinenlappen über die Alge und darüber ein paar Zeitungen. Gepreßt und getrocknet wird alles unter einem Stapel Bücher oder etwas ähnlich Schwerem.

5. Nach 2–3 Tagen sind die Algen platt und trocken.★ Für ein Herbarium (Pflanzenkatalog) solltest du die Blätter lichtgeschützt aufheben, weil die Algen sonst ihre Farbe verlieren.★ Bei der Verwendung als Briefpapier kannst du entweder das Orginal beschreiben oder es vorher einige Male kopieren.

Da war doch noch etwas:
Braunalgen mit ihren dicken Blasen sind als Briefpapier etwas ungeeignet.

Eine todsichere Wette

Hierzu benötigen wir: Glas, Wasser, Büroklammer, Spüli, geschickte Hände

Experiment zur Oberflächenspannung

Es gibt viele Tiere, die an und auf der Wasseroberfläche leben. Diese Tiere sind auf die besonderen Eigenschaften eines sauberen Wassers angewiesen. Eine dieser Besonderheiten ist die Oberflächenspannung des Wassers. Dem Wasser- oder Teichläufer ist es nur dadurch möglich, auf dem Wasser zu laufen, ohne einzusinken. (Lies doch mal im Biologiebuch nach, welche Tiere alle so leben: Gelbrandkäfer, Wasserspinnen, Kriebelmücken.) Diese Spannung hast du sicher schon mal beobachtet: Auf ein Glas, das randvoll mit Wasser gefüllt ist, kannst du, wenn du mit viel Gefühl eingießt, einen Berg Wasser setzen. Probier es doch einmal aus!
Du wirst sehen, wie sich die Wasseroberfläche etwas nach oben wölbt. – Das gleich beschriebene Experiment solltest du erst üben, bevor du deine Freunde damit verblüffst oder mit ihnen wettest.

Und so wird's gemacht:

1. Für dieses Experiment füllst du ein Glas randvoll mit Wasser.
2. Laß langsam waagerecht vom Rand her eine normalgroße Büroklammer auf die Oberfläche gleiten. Sinkt dir dabei die Büroklammer ein, fang nochmal von vorne an; sie kann wirklich schwimmen.
3. Gib langsam noch 2 Tropfen Wasser dazu, aber bitte nicht genau auf die Büroklammer. Und immer noch schwimmt sie.
4. Wenn du jetzt genauso behutsam einen einzigen Tropfen Spülmittel hinzugibst, sinkt die Büroklammer nach kurzer Zeit ab. Toll, was?! Nein, eigentlich nicht! Denn dieses Experiment zeigt dir, wie lebensgefährlich unsere Spülmittel für andere Lebewesen sind. Deswegen ist es manchmal gut, bei schmutzigem Geschirr die Muskelkraft einzusetzen und etwas mehr zu scheuern, als noch mehr Spüli in das Wasser zu geben.

Auch Blumen können blau werden

Hierzu benötigt Ihr: Glas, Farbe, z.B. Tinte, und etwas Zeit

Du hat sicher schon bemerkt, daß die Schnittblumen in der Vase auch Wasser verbrauchen (trinken). Färbst du dieses Blumenwasser mit Tinte, Rotkohlsaft, Rote-Bete-Saft oder Wasserfarben an, so kannst du beobachten, wie das gefärbte Wasser von den Blumen aufgenommen wird. Der Stengel und die Blüte verfärben sich mit der Zeit. Am deutlichsten ist dies natürlich zu erkennen, wenn die Blüte vorher weiß war. Die Farbstoffpartikelchen der Tinte bleiben in der Pflanze, lagern sich ab und färben die Blüte blau. Das Wasser verdunstet. Die Bäume und Ackerpflanzen nehmen genauso Wasser auf. Ähnlich wie sich die Farbpartikel ablagern, sammeln sich auch die im Wasser gelösten Schadstoffe in der Pflanze an. Dieses Experiment zur Wasseraufnahme bei Pflanzen zeigt, daß die im Boden vorhandenen Gifte über die Wasseraufnahme der Ackerpflanzen auch in den Menschen gelangen.

★ Stelle eine weiße Blüte in gefärbtes Wasser und beobachte, was passiert.

Da war doch noch etwas: Auch die Blumen in manchen Blumenläden werden so gefärbt, damit sie in den passenden Modefarben erstrahlen.

Keim-Experimente

Für die Bepflanzung eines netten Plätzchens muß man die Samen gar nicht unbedingt in der Samenhandlung kaufen. Tagtäglich begegnen uns irgendwelche Samen: Äpfel, Birnen, Avokados, Tomaten, Ringelblumen, wilde Möhren, Weizen, Soja, Pfirsiche, Kastanien, Bucheckern, Bohnen – ach, und so viele andere mehr. Ein kleines Problem gibt es allerdings doch. Die Samen keimen sehr unterschiedlich schnell und auch bei unterschiedlichen Bedingungen. So gibt es sogenannte Lichtkeimer, die dürfen zum Keimen nicht mit Erde bedeckt sein; dann gibt es Frostkeimer, die müssen unbedingt erst frostige Temperaturen gespürt haben, ehe sie keimen. Die ganz „normalen" Samen kannst du einfach in die Erde stecken, und kurze Zeit später taucht das erste zarte Grün auf. Großen Spaß macht es auch, herauszufinden, unter welchen Bedingungen ein Same am besten keimt. Z.B.: Frost, Licht, Wasser, Temperatur, Bodenart usw.

Da war doch noch etwas:
Tomatensamen keimen schneller, wenn ihre Umgebung mal sauer war. Die optimale Quelle ist also der letzte Rest in der Salatschüssel.

Wer will sich eine kleben?

Kartoffelkleister

Hierzu benötigt ihr: Kartoffeln, Tuch, Reibe, Gefäß, Topf, Wasser

Eine Sorte Kleister ist aus Stärke gemacht. Wenn diese Stärke mit Wasser verrührt wird, quillt sie auf und läßt sich verstreichen. Mit der Zeit verdunstet das zugegebene Wasser wieder, die Stärke wird klebrig. Damit die Stärke intensiver klebt als vorher, wird sie erhitzt. Kartoffeln sind sehr stärkehaltig und bieten dadurch die optimale Voraussetzung für das kleine Experiment.

Und so wird's gemacht:

1. Die rohen Kartoffeln reiben. (Nein, es werden keine Reibekuchen.)

2. Den Kartoffelbrei in einen Lappen legen, und dann kräftig die Flüssigkeit herauspressen. Am einfachsten ist es, wenn man den Lappen von oben her immer enger dreht.

3. Den Kartoffelsaft absolut ruhig stehenlassen. Mit der Zeit entstehen zwei verschiedene Schichten: unten eine etwas dickliche, weiße und darüber die wässrige, gelb-braun gefärbte.

4. Ist die Trennung schön deutlich, muß die obere Schicht ganz vorsichtig runtergenommen werden. Man kann entweder versuchen, die obere Schicht sehr vorsichtig abzuschütten, oder man saugt sie ab, was etwas leichter ist.

5. Von der unteren, also der stärkehaltigen Flüssigkeit, einen Teelöffel in einen kleinen Topf geben. Dazu 10 ml Wasser geben und alles langsam erwärmen, dabei vorsichtig ein bißchen rühren. Auf keinen Fall darf die Masse kochen. Sobald der Kleister etwas dickflüssiger wird, ihn von der Platte nehmen und abkühlen lassen. Ja, und dann natürlich das erste Probekleben!

Rezept für Riesenseifenblasen

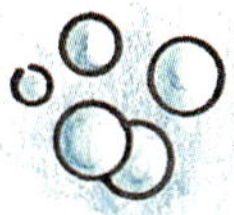

Ob jung, ob alt – weniges wirkt so dauerhaft faszinierend auf die Menschen wie Seifenblasen!

Hierzu benötigen wir: Eimer, Kleister, Wasser, Zucker, Neutralseife, Draht, Wolle

Und so wird's gemacht:

1. 25 Gramm normalen Tapetenkleister (keinen Spezialkleister) in einem Liter Wasser auflösen.

2. 2 Liter Wasser in einen großen Kochtopf füllen. Je 110 Gramm Zucker und Neutralseife darin verrühren, diese Masse aufkochen und über Nacht stehenlassen.

3. In die ausgekühlte Brühe gebe man den aufgelösten, durchsichtig-klaren Kleister. Mit einem Trichter oder einem Schnabelkännchen kann man das Gebräu in Flaschen abfüllen (kühl aufbewahrt, hält sich die Mischung etwa eine Woche).

4. Für die Riesenseifenblasen muß man einen dicken Draht zu einer großen Schlaufe mit Griff biegen. Stecke die Drahtenden in einen Flaschenkorken oder umwickle sie dick mit Wolle, dann kannst du sie besser festhalten.

5. Den eingetauchten Seifenblasenring langsam durch die Luft ziehen – schon entschweben ihm zarte, schillernde Riesenseifenblasen.

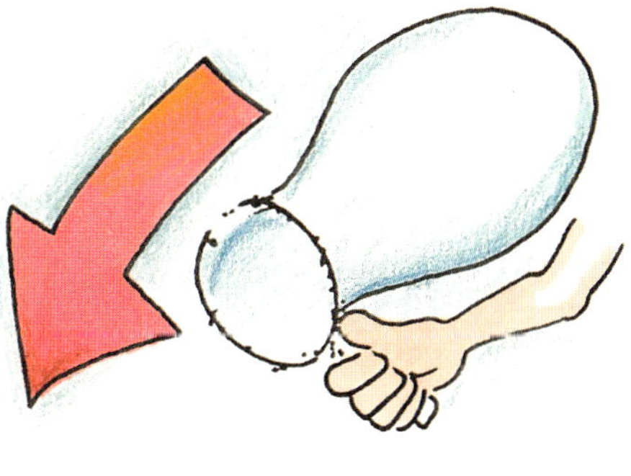

Uff! Schwere Metalle

Hierzu benötigt ihr: Wäscheklammern, viele Mitspieler

So wie sich die Farbpartikel in der weißen Blüte ansammeln, so sammeln sich auch Gifte und Schwermetalle in einer tierischen Nahrungskette an. Da meistens ein großes Tier viele, viele kleine frißt, kommt es automatisch zu einer Anreicherung, wenn die kleinen Tiere Schadstoffe enthalten. Wie sich alles Schädliche immer mehr auf ein Tier konzentriert, kann schön im folgenden Spiel gezeigt werden.

Und so wird's gemacht: Die meisten Mitspieler stellen am Anfang des Spieles ein kleines Tier dar. Einige Tiere bekommen als Zeichen ihrer Schadstoffbelastung (in diesem Fall Schwermetalle) eine Wäscheklammer angeheftet. Eine etwas kleinere Gruppe von Tieren (zweite Stufe der Nahrungskette) frißt die ersten Tiere. Wer ein kleines, schwermetallhaltiges Tier gefressen hat, heftet sich dessen Wäscheklammer an. Über mehrere Nahrungskettenstufen kann man die Anreicherung weiterverfolgen. Am Schluß der Nahrungskette hat man ein schwerbelastetes Tier – ob dieses Tier wohl überlebt?

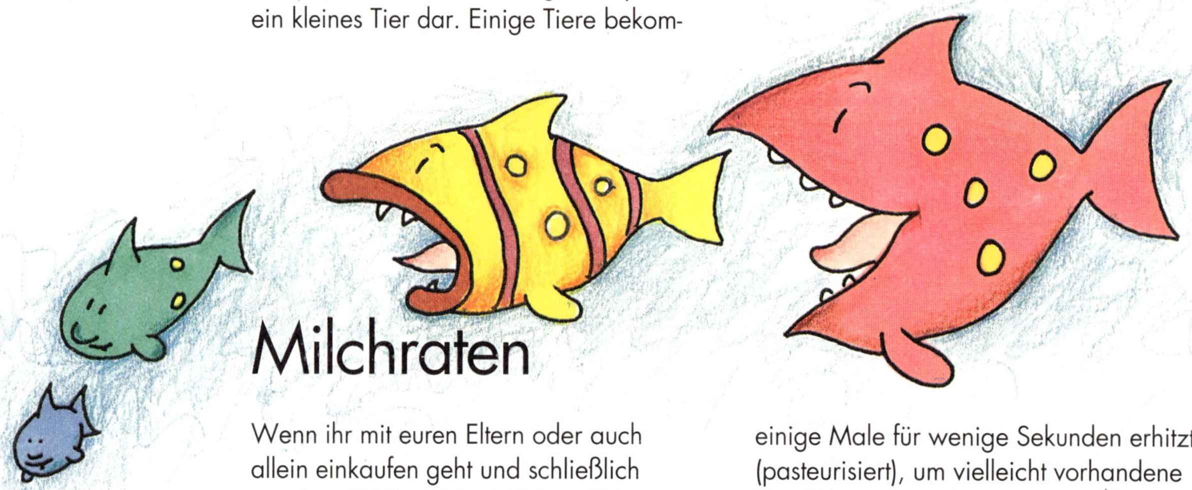

Milchraten

Wenn ihr mit euren Eltern oder auch allein einkaufen geht und schließlich vor dem Kühlregal für Milchprodukte steht, dann werdet ihr erst einmal ein verwirrend großes Angebot sehen. Was heute alles aus Milch gemacht wird, das ist schon erstaunlich – allein die vielen verschiedenen Milchsorten! Kennt ihr sie alle? Da gibt es z. B. Vollmilch, fettarme Milch, H-Milch, Kondensmilch, Buttermilch und Vorzugsmilch. Diese verschiedenen Milchsorten schmecken alle anders und werden auch unterschiedlich hergestellt.

So wird einigen Milchsorten zum Bespiel ein Teil ihres Fettes entzogen, das ist die Sahne, die obenauf schwimmt. Damit das restliche bißchen Fett sich ganz gleichmäßig verteilt, wird die Milch kräftig gerührt (homogenisiert). Fast jede Milch wird einige Male für wenige Sekunden erhitzt (pasteurisiert), um vielleicht vorhandene Krankheitskeime abzutöten. Kondensmilch ist eine im Spezialverfahren eingedickte Milch. Bei jeder Behandlung gehen leider einige Eiweißstoffe und Vitamine kaputt. Vorzugsmilch ist vollkommen unbehandelte Milch.

Um eure Geschmacksnerven und eure Milchkenntnis zu überprüfen, könnt ihr folgendes Spiel/Experiment machen: Ein Mitspieler füllt in sechs Gläser jeweils eine der genannten Milchsorten und numeriert die Gläser. Er schreibt auf einen separaten Zettel, welche Sorte Milch er in welches Glas gefüllt hat. Nun probiert jeder von euch mit geschlossenen Augen von jedem Glas und macht sich Notizen. Es wird notiert, in welchem Glas ihr welche Milch vermutet, und wie ihr die Milch geschmacklich beurteilt. Anschließend werden die Ergebnisse verglichen und diskutiert.

Getreide-Rätsel

Was ist was? Weizen, Roggen, Gerste, Grünkern, Dinkel, Hirse, Hafer, Buchweizen (eigentlich kein Getreide, aber gut zu erkennen und lecker!) werden jeweils in kleine Schälchen gegeben und mit einer Nummer versehen. Auf einen Lösungszettel kann jeder schreiben, welche Schale wohl welche Getreidesorte beinhaltet.
Und wenn ihr das Getreide vom Aussehen her schon in- und auswendig kennt, gibt es ja noch Linsen, Sojabohnen, Kichererbsen, Azukibohnen, weiße Bohnen ...

Der Pate

Teil I
Natur erleben in der Stadt – auch das ist möglich. Zunehmend wird darauf geachtet, daß die Stadt ein bißchen grün wird. Aber die Stadtbäume haben es schwer: schlechte Luft, wenig Platz, Trockenheit im Sommer, Streusalz im Winter, Hundepipi am Abend, abgestellte Fahrräder, zu dicht geparkte Autos sowie wenig Boden, dazu stark verfestigt, machen ihnen das Leben schwer. Da bleibt den Pflanzen nur zu wünschen, daß sie nicht gut hören können und wenigstens den Lärm in der Stadt nicht wahrnehmen. Aber als Pate kannst du durch liebevolle Pflege dem Baum in der Straße helfen. Du kannst die Baumscheibe mit Bodendeckern oder Blumen bepflanzen (von Gemüse ist wegen Schadstoffanreicherung abzuraten), einen kleinen Zaun ziehen, gießen und dich daran erfreuen. Mit der Zeit kommen auch an diesen kleinen Fleck die ersten Tiere. So kann selbst ein Stadtbewohner ein „eigenes" Gärtchen haben und drei Fliegen mit einer Klappe schlagen.

Teil II
So wie man Baumpatenschaften übernehmen kann, ist es genauso spannend und möglich, Bachpate zu werden. Weil die Pflege eines Bachabschnittes etwas arbeitsintensiver ist, empfiehlt sich eine solche Patenschaft für Gruppen oder Schulklassen. Die Betreuung eines Abschnittes ist bei der Stadt, bzw. der entsprechenden Wasserbehörde genehmigungs- und meldepflichtig. Dort wird man euch auch mitteilen, welche Aufgaben das genau beinhaltet. Näheres dazu auf Seite 113.

Hierzu benötigt ihr: Samen, Pflanzen, Wasser und ein bißchen Liebe

Ein Tag ohne Strom - und das im Winter!

Dieses Experiment könnt ihr in zwei Varianten durchführen:

Variante 1: Für Phantasievolle und Anfänger
Zunächst überlegt mal zusammen, was alles nicht mehr funktionieren würde, wenn der Strom ausfiele:
Zu Hause: Kühlschrank, Warmwasser-Boiler, Licht, Computer, elektrische Zahnbürste, Haartrockner, Bügeleisen, CD-Player, Fernseher, Elektroherd, Waschmaschine, Spülmaschine, elektronischer Wecker, Rasierapparat mit leerem Akku, Fön, Radio, Nähmaschine, Haustürklingel, elektrische Heizung, Mikrowelle, Spielzeugeisenbahn usw.
In der Schule: Licht, Heizung, Pausenklingel, Diaprojektor usw.
In der Stadt: Straßenbahn, Straßenbeleuchtung, Verkehrsampeln, Telefonzellen, Schranken, Leuchtreklamen, Uhren, Geldautomaten, usw.
Dann könnt ihr zusammen überlegen, welches stromabhängige Gerät durch welche stromlose Maßnahme zu ersetzen ist:
Sachen aus dem Kühlschrank könnte man im Winter auf den Balkon stellen. Damit man etwas sehen kann, könnte man Kerzen anzünden oder mit der Taschenlampe herumgehen. Wenn die Heizung ausfällt, könnte man es sich mit vielen Decken im Bett gemütlich machen ...
Um zum Frühstück etwas Warmes zu trinken, könnte man den Campingkocher vom Dachboden oder aus dem Keller holen ... Wer normalerweise mit der Straßenbahn, U-Bahn oder mit dem Zug zur Arbeit kommt, müßte zu Fuß gehen oder mit dem Rad fahren usw.
Vielleicht habt ihr Lust, zusammen zu überlegen, was alles anders sein würde ohne Strom: Wie würde z.B. der Tagesablauf ohne Strom aussehen?
Viele Menschen würden zu spät aufstehen, weil der Radiowecker nicht funktioniert. Opa würde im Dunkeln sein Gebiß nicht finden, Vater würde laut im Badezimmer schimpfen, weil er nicht mehr weiß, wie man sich ohne elektrischen Rasierapparat rasiert, Mutter würde verzweifelt versuchen, in der Küche ein Feuer zu machen, um Kaffee zu kochen, der Hund hätte sich unbemerkt über die Frühstückswurst hergemacht, weil es noch dunkel ist. – Was würdet ihr tun: ohne Fernsehen, Radio, Cassettenrekorder, Computer usw.?

Variante 2: Für Abenteuerlustige und Fortgeschrittene
Wie wär's, wenn ihr für einen Tag mal wirklich ohne Strom lebt? (Die Sicherung abschalten!) Vielleicht könnt ihr ja eure Familie für solch ein Experiment begeistern. Es ist eigentlich nichts Ungewöhnliches, ohne Strom zu leben, denn so haben die Menschen bis zum Anfang unseres Jahrhunderts gelebt! Sicher gibt es spannende Geschichten davon zu erzählen, wie ihr den Tag ohne Strom im Winter verbracht habt. Vielleicht schreibt ihr uns ja mal davon!

Wieviel Kilometer esse ich zum Frühstück?

Nußcreme, Cornflakes, Tee, Kaffee usw. stehen morgens auf fast allen Tischen. Viele dieser Produkte, bzw. ihre Bestandteile, haben bis dorthin bereits eine lange Strecke zurückgelegt. Diesen Weg zu verfolgen, kann für uns sehr interessant sein.

Jedes Kind einer Gruppe könnte einen Teil seines Frühstücks mitbringen. Achtet aber darauf, daß nicht alle das Gleiche mitbringen. Am besten, ihr besprecht das vorher miteinander. Nun stellt ihr alles auf einen Tisch und schaut euch die verschiedenen Produkte einmal genau an. Wie viele Kilometer hat euer Frühstück wohl bereits zurückgelegt? Könnt ihr das schätzen? Ihr werdet euch sicherlich fragen, was diese Überlegungen, bzw. diese Schätzung, eigentlich bezwecken soll. Nehmt doch ein Produkt heraus und versucht, möglichst genau zu bestimmen, woher es oder seine Bestandteile kommen. Zuerst sucht ihr nach dem Herstellungsort. Das ist leider nicht so einfach, weil das deutsche Lebensmittelrecht keine Angaben darüber vorschreibt. Den gefundenen Ort kennzeichnet ihr mit einem Fähnchen auf einer Landkarte. Aus welchen Bestandteilen ein Produkt besteht, muß auf der Packung stehen. Nun könnt ihr mit Hilfe eines Lexikons zusammentragen, woher die Produkte kommen; auch diese Orte werden dann mit Fähnchen auf einer Weltkarte markiert. Weil die Haselnüsse für die Schokocreme aus Kalifornien, der Kakao aus Afrika und Südamerika, der Zucker aus Europa oder Mittelamerika, das Obst aus Südamerika oder Neuseeland stammen, werden auf der ganzen Karte Fähnchen verteilt sein.

Nun überlegt einmal, wie die Produkte auf den Frühstückstisch gelangen. Dabei ist es interessant, die zurückgelegten Kilometer zusammenzuzählen und auch zu überlegen, welche Verkehrsmittel verwendet wurden und wieviel Energie in Form von Treibstoff dazu nötig war. Die Folgen dieses immensen Energieverbrauchs sind euch ja teilweise auch schon bekannt. Um sich besser vorstellen zu können, wie lang die Strecke ist, die unser Frühstück zurückgelegt hat, kann man sie ja mit der Strecke von Urlaubs- oder Ferienfahrten vergleichen. Vielleicht helfen euch eure Eltern dabei!

Nahrungskette oder -netz?

Hierzu benötigt ihr: Wollknäul

Alle Lebewesen dieser Erde sind irgendwie voneinander abhängig. Am einfachsten ist das an einer Nahrungskette zu zeigen. Damit die Tiere leben können, müssen sie fressen. Die einzigen wirklichen Nahrungshersteller (Produzenten) auf der Erde sind die Pflanzen. Für die Nahrungskette im Meer sind dies winzig kleine Algen. Nur die Pflanzen und Algen sind in der Lage, aus Sonnenlicht, Nährstoffen und Wasser wirklich Neues aufzubauen. Dieses neue Material dient allen anderen Lebewesen als Nahrungsgrundlage. Eine ganz kurze Nahrungskette ist zum Beispiel folgende: eine Kuh frißt die Pflanze Gras und wird wiederum vom Menschen verspeist. Also ist die Kette: Gras – Kuh – Mensch.

Überlegt doch einmal, welches Tier wen oder was frißt! Schön läßt sich das Ganze auf einem großen Blatt Papier darstellen.

Variante für Fortgeschrittene:
In Wirklichkeit ist das Nahrungsgefüge aber etwas komplizierter. Deswegen wird es als Nahrungsnetz bezeichnet. Besonders deutlich kann man so ein Netz sichtbar machen, wenn jeder Mitspieler ein Tier oder eine Pflanze darstellt und sich zwischen jeder Freßbeziehung ein Wollfaden spannt. Anschließend kann man Katastrophen verschiedenster Art spielen. Wird dabei ein Tier ausgerottet und scheidet aus dem Wollfaden-Netz aus, so bricht das ganze Netz in sich zusammem.

Duftkissen

Sammelt im Sommer einige Handvoll duftender Blüten, laßt sie gut trocknen und füllt sie in Leinenbeutel. Im Winter, wenn es draußen mal so richtig grau ist, könnt ihr euch leicht den Spätsommer wieder einfangen. Dafür malt ihr eine Blumenwiese auf ein großes Blatt; dann legt ihr den Duftbeutel auf eine warme Wärmflasche, und schon strömt Wiesenduft und Heugeruch durch das Zimmer. Ansonsten ist das Duftkissen auch im Wäscheschrank gut aufgehoben.

Gänseblümchen - Anzeiger für Mundgeruch ?

Ein Gänseblümchen, das den Mundgeruch anzeigen kann, ist ein verblüffendes Neckspiel. Für dieses Spiel sucht ihr ein Gänseblümchen mit einem möglichst langen Stiel, den ihr so lange leicht zwischen den Fingern rollt, bis das Köpfchen des Gänseblümchens traurig nach unten hängt. Nun sucht ihr euch ein gerades Stück Löwenzahnstengel, durch das ihr das Gänseblümchen bis zum Kopf durchzieht, so daß das Köpfchen dadurch wieder aufrecht sitzt.

Ihr haltet jemandem das so präparierte Gänseblümchen vor den Mund und laßt es ihn anhauchen. Den Stiel des Gänseblümchens schiebt ihr dabei unmerklich nach oben, so daß die Blüte den Kopf wieder hängen läßt. Dem verblüfften Gegenüber habt ihr damit „bewiesen", daß er wohl Mundgeruch oder eine Fahne haben muß, wenn die Blüte durch Anhauchen so schnell welkt.

Superschnüffler

Hierzu benötigt ihr: Augenbinde
Der Geruchssinn des Menschen ist im Vergleich zu dem vieler Tiere sehr schwach ausgebildet. Also raus in die Natur und etwas schnuppern üben. Dieses Spiel ist gleichermaßen für Kinder und Erwachsene interessant. Die Blumen und Blüten des Gartens kann jeder Mitspieler erst einmal in Ruhe erschnüffeln. Der ersten „Nase" werden die Augen verbunden. Sie wird vom Spielleiter von Duft zu Duft geführt. Für jede erkannte Pflanze gibt es einen Punkt, bei ganz schwierigen Düften vielleicht zwei. So geht es dann reihum, und der beste Schnüffler kann z.B. ein Stofftaschentuch oder eine Blume gewinnen.

Variante I: Schnuppern im Wald oder an einem Kräuterbeet
Variante II: Bei schlechtem Wetter können Küchengewürze errochen werden. Das ist gar nicht so einfach!

Ameisenduftspiel

Hierzu benötigt ihr: Duftdöschen

In einem Ameisenhaufen krabbeln so viele Ameisen herum. Wer behält da noch den Überblick, ob in dem Haufen nicht die Ameisen aus einem anderen, fremden Volk gelandet sind? Wie finden denn die Ameisen nach einem Ausflug immer wieder in ihren Haufen zurück?
Die in den Haufen strömenden Arbeiterinnen werden von den Wächterinnen, die an den Eingängen postiert sind, anhand ihres Geruches überprüft. In diesem Spiel bilden drei Kinder als Wächterinnen je einen Ameisenhaufen. Die Wächterinnen werden mit Duftdöschen ausgestattet; das sind alte Filmdöschen mit Löchern, in die stark riechende Dinge eingefüllt werden, z.B. Gewürze, Kräuter oder mit ätherischem Öl getränkte Stoffetzen. Die restlichen Kinder, die Arbeiterinnen sind, bekommen jeweils ein Duftdöschen, in dem entweder der gleiche Duft ist wie in den Döschen der Wächterinnen oder auch andere. Am Eingang zum Ameisenhaufen wird der Duft kontrolliert.

Algenblüte durch Phosphat

Mit diesem Versuch könnt ihr nachweisen, in welcher Weise sich das früher auf dem Markt befindliche Waschmittel auf das Algenwachstum in unseren Gewässern auswirkte.

Hierzu benötigt ihr: Waschmittel mit Phosphat versetzt, 1/2 l Leitungswasser, 3 Einmachgläser, ca. 3 l Tümpel- oder Seewasser. Phosphat könnt ihr in der Apotheke oder im Chemiefachhandel kaufen. Ca. 1 Gramm genügt.

Und so wird's gemacht:
Zunächst wascht ihr ein Stückchen Wäsche in einem halben Liter Leitungswasser mit phosphathaltigem Waschmittel.
1. Füllt die drei Einmachgläser mit Wasser aus einem See oder Tümpel. Es enthält geringe Mengen von Kleinalgen.
2. Numeriert die Gläser von eins bis drei.
3. In das erste Glas kommen vier, in das zweite Glas zwei Eßlöffel von dem Waschwasser; das dritte Glas wird verschont.
4. Die Gläser werden nun abgedeckt, ans Fenster in die Sonne gestellt und beobachtet. Im Laufe der folgenden Tage färbt sich der Inhalt der Gläser unterschiedlich stark grün. In dem Glas, in das ihr das meiste Waschwasser getan habt, verfärbt sich das Wasser am schnellsten und intensivsten. Nach einiger Zeit fängt der Inhalt des Glases zu stinken an, er verfärbt sich bräunlich. Die braune Färbung kommt von abgestorbenen Algen, die dann unter Sauerstoffverbrauch abgebaut werden, wodurch es schnell zu Sauerstoffmangel im Wasser kommt.

Ganz ähnliche Prozesse spielen sich auch im größeren Rahmen ab, nämlich in unseren Flüssen und Seen, ja sogar schon in manchen Meeren (z.B. im Mittelmeer). Das Wasser, das von unseren Haushalten und von der Industrie über Klärwerke wieder in den Vorflutern,

also unseren Bächen und Flüssen landet, kann nicht restlos von allen belastenden Stoffen befreit werden. Zu diesen Stoffen, die nicht oder nur zum Teil wieder herausgefiltert werden können zählt auch das Phosphat. Landet nun phosphathaltiges Wasser in natürlichen Gewässern oder

auch Baggerseen u. a., so nimmt das Pflanzen- und das Algenwachstum dermaßen stark zu, daß es die Fähigkeit eines Gewässers, abgestorbenes Material wieder abzubauen, übersteigt. Für den Abbau des toten Materials wird Sauerstoff benötigt. Die Fische und andere Wasserorganismen brauchen aber ebenso Sauerstoff zum Atmen wie wir Menschen.

Bei Sauerstoffmangel sterben deshalb auch Fische und andere Wasserlebewesen ab. Auch sie sind dann wiederum totes organisches Material, das unter Sauerstoffverbrauch abgebaut werden muß. Reicht der Sauerstoffgehalt eines Gewässers nicht mehr aus, um diesen Abbau voranzutreiben, beginnt es im Wasser zu faulen

Es kommt zur Entstehung von Schwefel- und Methangasen. Diese Gase riechen unangenehm, was ihr durch euren Versuch ja auch feststellen konntet. Eine zusätzliche negative Eigenschaft dieser Methangase ist, daß sie, gemeinsam mit den Fluorchlorkohlenwasserstoffen (FCKWs) und anderen Gasen unsere Ozonschicht angreifen. Aber das ist ein anderes Thema ...
Zu weitschweifend sollten wir ja vielleicht doch nicht sein!

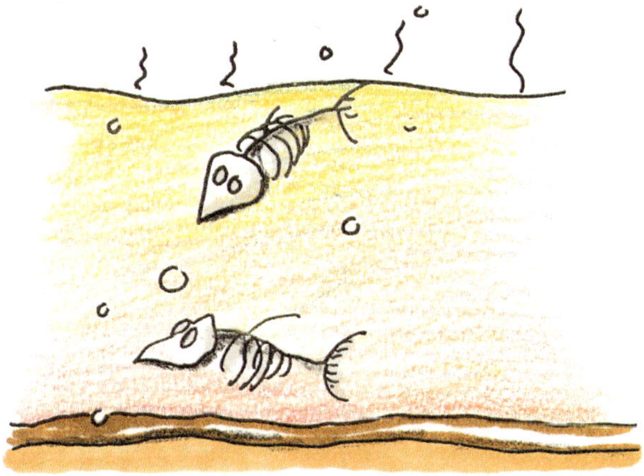

Kikeriki und muh - wer bin ich, und wo bist du?

Vielen Tieren ist es möglich, sich über Lauterzeugung miteinander zu verständigen, und sei es nur, um sich zur Partnerwahl zusammenzufinden. Für dieses Spiel werden so viele Tierbildkarten gebraucht, wie Kinder mitspielen. Jedes Tier muß zwei- oder dreimal (bei ungerader Zahl) vorkommen. Die Karten werden ausgeteilt, und jeder darf sich und sein Tier nur durch die Laute/Sprache der Tiere darstellen. Auf diese Weise müssen sich die Tierpärchen zusammenfinden. Die Auswahl der Tiere ergibt verschiedene Schwierigkeitsgrade. Wer weiß, was für ein Geräusch eine Eidechse macht? Sind Fische wirklich stumm? Wie singt ein Kolibri? Was machen Känguruhs?

Primeln beim Wachsen belauschen
Die Welt aus der Sicht kleiner Tiere zu erleben und kennenzulernen, ist mal ganz was Neues. Also, die Spielkleider an und raus. Erstmal in Ruhe auf den Rücken legen und in den Himmel schauen. Schön ist es auch, das Blätterdach über sich zu betrachten. Wunderbar, wie die Sonne durch das dichte Blattwerk der Bäume blitzt! – Dann auf den Bauch rollen und hören, riechen, fühlen und gucken, wie hoch das Gras plötzlich ist, wie weich das Laub und wie pieksig und federnd ein Tannennadelboden, wie intensiv der Geruch von Erde ist. Später können alle erzählen, was sie bemerkt und gefühlt haben, oder wie wohl ein Käfer oder eine Ameise leben. Während des „Sinnens" ist es besonders schön, wenn eine Weile gar nicht geredet wird.

Löwenzahn-trompete

Ein fünf Zentimeter langes Stück Löwenzahnstengel wird an einer Seite flachgedrückt. Dieses flachgedrückte Stück ist das Mundstück, in das ihr kurz und kräftig hineinblast. Erst mit etwas Übung ertönt der „Trompetenton". Anfangs kommen recht sonderbare Geräusche zustande, die dem „Instrument" auch den Namen „Furzo" eingehandelt haben.

Graspfeife

Ihr spannt ein relativ festes, breites Grashalmblatt (z.B. Quecke) zwischen die Daumen und bringt das Blatt durch starkes Blasen in Schwingung. Anfangs werden die Geräusche als leise, gebrochene Töne hervorkommen, mit etwas Übung könnt ihr aber mit dieser Technik auch recht scharf und durchdringend pfeifen.

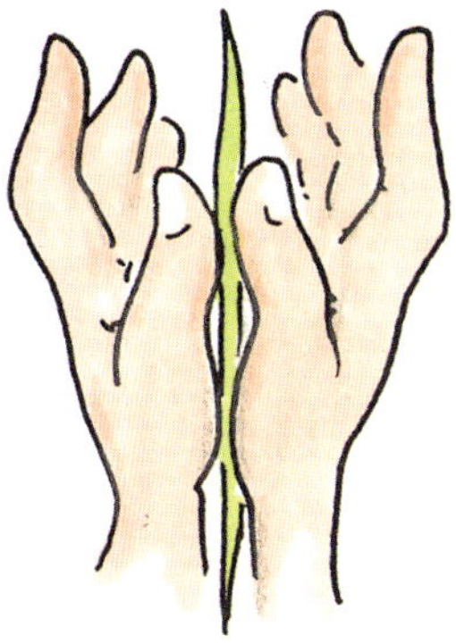

Steinchen, Steinchen, du mußt wandern ...

Jeder Mitspieler sucht sich einen Stein, der ihm gefällt. Dann haben alle Zeit, ihren Stein per Fingerspitzengefühl genau kennenzulernen. Eventuell kann zwischendurch noch ein anderes Spiel gemacht werden, damit der Stein in der Hosentasche noch ein bißchen bekannter wird. Bevor das Spiel beginnt, wird jeder Stein mit dem Buchstaben seines Besitzers gekennzeichnet. Nun, wenn jeder glaubt, seinen Stein garantiert wiederzuerkennen, kann es losgehen. Aus den eingesammelten Steinen nimmt der Spielleiter wahllos einen Stein heraus und gibt ihn in die Hand des ersten Mitspielers. Dieser darf, mit den Händen auf dem Rücken, den Stein betasten. Ist es sein eigener, behält er ihn, fremde Steine werden weitergegeben. Ob wohl die meisten „ihren" Stein wiederfinden?

Variante für ganz Feinfühlige:
Das gleiche Spiel mit Blättern, Kastanien oder anderen Materialien.

Iglus bauen kann jeder

Iglus sind ursprünglich Winterbehausungen wandernder Ureinwohner der Arktis, der „Inuits", besser bekannt als „Eskimos". Dort gibt es nur Schnee und Eis, um gegen Wind und Kälte isolierende Schutzhütten zu bauen. Ein wenig Eskimoromantik ist aber trotzdem auch bei uns möglich.

Dafür braucht ihr: Pappschnee, einen freien Platz, eine große Obststeige aus Holz, eine große Schneeschaufel, ein Brett als Türbalken; eventuell noch ein zweites „Hilfsbrett", ein paar Leute

Zuallererst müßt ihr den vorgesehenen „Bauplatz" von Schnee reinigen. Anschließend füllt ihr Schnee in die Obstkiste und verdichtet ihn durch Stampfen und Festklopfen. Die so entstandenen Schneeblöcke setzt ihr dann nach und nach in einem nach oben zulaufenden Kreis aufeinander, wobei eine Türöffnung freibleiben muß. Bei der Arbeit entstehen durch den enger werdenden Kreis auch Fugen, die mit losem Schnee geschlossen werden. Wenn die Wand hoch genug ist, setzt ihr das Brett als Türrahmen auf und baut das Dach weiter. Beim Schließen des Daches hilft ein zweites Brett, das die Blöcke so lange vor dem Abstürzen bewahrt, bis sie sich gegenseitig stützen. Anschließend könnt ihr, je nach Bedarf, wieder ein Loch – z. B. für einen Schornstein – in das Dach stoßen. Dabei müßt ihr aber behutsam vorgehen, damit euer Iglu nicht gleich wieder einstürzt!

Eine weitere Möglichkeit, ein Iglu zu bauen ist die folgende: Zunächst häuft ihr Schnee auf einen großen Haufen, der immer wieder festgeklopft und so verfestigt werden muß. Wenn der Haufen groß genug ist, könnt ihr anfangen, ihn von einer Stelle aus, die ihr zur Tür erklärt, auszuhöhlen. Es muß allerdings dafür gesorgt sein, daß der Schnee gut bindet, so daß das Iglu auch stabil ist. Am besten eignet sich dafür Pappschnee.
Je nach Schneehöhe und Personenzahl könnt ihr euer Iglu in beliebiger Größe bauen. Bei Schneehöhen unter 20 cm lohnt sich der Aufwand meistens nicht.

Ohne Schuh' und Strümpfe

Der Tastsinn unserer Hände ist ziemlich gut ausgeprägt. Personen mit ganz feinem und gut geübtem Tastsinn können sogar Sand von Zucker unterscheiden. Aber unsere Füße, die kennen gerade mal fünf Dinge: Strümpfe, Schuhe, Teppichboden, Badezimmerkacheln und Sand. Ja gut – manche vielleicht noch ein bißchen mehr. Um diesen Mangel zu beheben, bietet das kommende Spiel eine ganz neue Erfahrung: eine Fühlstrecke für die Füße. Auch in diesem Spiel sollte der „Fühler" blind sein. Als Hilfe gibt man ein Geländer, ein Seil oder eine helfende Hand. Dieses Spiel eignet sich auch besonders gut für ein Fest, bei dem viele Menschen dieses Erlebnis haben können. Die Teststrecke könnte aus folgenden Materialien bestehen: Sand, Kiesel, Gras, Moos, Gartenerde, Torf, lehmhaltiger Boden, feuchter Boden, Rindenmulch, Stroh, Sägemehl, Gehwegplatten, Lappen, Kastanien u.v.m. Damit sich die verschiedenen Materialien nicht vermischen, können sie mit Dachlatten oder Steinen voneinander getrennt werden. Na, dann viel Spaß!

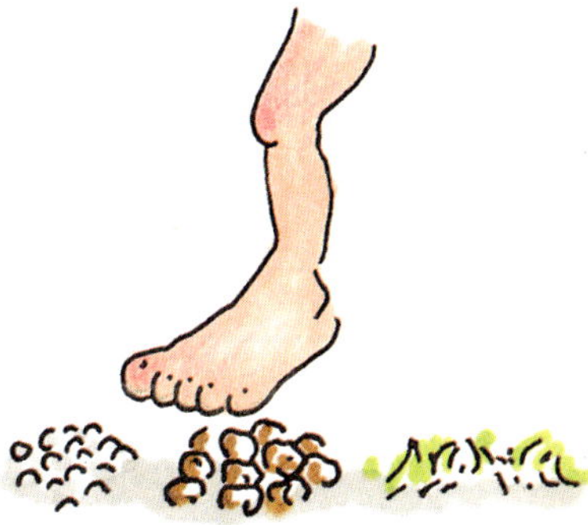

Schneespaziergang

Winter – klirrender Frost, Sonne, Schnee und Eis. Eine gute Zeit, um wetterfest und warm eingepackt auf Entdeckungsreisen zu gehen.

Schneebeschaffenheit: Der Schnee ist nie gleich. Je nach Temperatur fühlt er sich unterschiedlich an und klingt beim darübergehen anders; je nach Alter ist er mehr oder weniger verschmutzt.

Schneethermometer: Bei leichtem Tauwetter ist der Schnee pappig und eignet sich gut für Schneebälle.
Bei einer Temperatur unter minus 5 Grad knirscht er unter den Füßen.
Ist er locker und pulverig, beträgt die Temperatur unter minus 10 Grad.

Kühlwasser ist gar nicht kalt !

Hierzu brauchst du:
Glas, Wasser, Wärmequelle

Wie du vielleicht schon bemerkt hast, stehen Kraftwerke und Fabriken auffällig oft an Flüssen. Das hat einen guten Grund, denn solche Anlagen erzeugen bei ihrer Arbeit häufig große Mengen Wärme. Damit die Maschinen nicht zu heiß werden, wird die Wärme über Wasser abgeleitet. Dieses sogenannte Kühlwasser kühlt also Anlagen in der Fabrik oder dem Kraftwerk und wird dadurch warm. Weil dieses warme Wasser ja nicht schmutzig ist, braucht es nicht zur Reinigung in eine Kläranlage. Es darf gleich wieder in den Fluß eingeleitet werden. Für die Wasserlebewesen jedoch ist das warme Wasser von Nachteil. Warmes Wasser kann nicht so viel Sauerstoff in sich festhalten wie kaltes Wasser. Dazu gibt es ein kleines Experiment.

Und so wird es gemacht:

1. Fülle das Glas mit kaltem Leitungswasser und sieh es dir genau an.

2. Stelle das wassergefüllte Glas auf die Heizung oder Herdplatte (Stufe 1/2) und beobachte, was passiert.

Mit der Zeit und Erwärmung des Wassers sammeln sich an der Glaswand immer mehr kleine Luftbläschen, nicht wahr? Das ist Sauerstoff, der aus dem Wasser entweicht und den Fischen und anderen Wassertieren nicht mehr zur Verfügung steht.

Viele weitere Spiele und Tips dieser Art findet ihr in den „Tips zur Saison", einer Zeitschrift der Jugendorganisation im Bund für Umwelt und Naturschutz Deutschland (BUNDjugend).

Die Umwelt schützen
gemeinsam statt einsam!

Umweltschutz macht Spaß

Alleine, und mit vielen anderen zusammen sowieso. In den letzten Kapiteln hast du ja schon viele Möglichkeiten kennengelernt, wie man die Natur schützen kann. Wenn du noch andere Freunde hast, die Natur und Umwelt wichtig finden, dann schließ dich doch einfach mit ihnen zusammen und gründet eine Umweltgruppe!
Oder noch besser: Sprich auch deine Freunde und Freundinnen an, die noch nicht soviel über den Umwelt- und Naturschutz wissen. Schließlich ist es wichtig, daß möglichst viele aktiv werden. Die meisten Kinder wissen vielleicht gar nicht, was sie genau tun können. Um so besser ist es, wenn sich alle, die ein Interesse daran haben, daß unsere Umwelt nicht bald ganz zerstört ist, in einer Gruppe zusammenschließen. So eine Umweltgruppe kann ganz schön viel in Bewegung setzen!

Die Umweltgruppe

Falls ihr es wollt, könnt ihr euch einen Erwachsenen suchen, der euch unterstützt. Wenn nicht, ist das auch nicht schlimm. Schließlich können Kinder auch gut alleine was bewegen!

Beim ersten Treffen solltet ihr euch überlegen, was euch besonders wichtig ist und was ihr zusammen als erstes in die Hand nehmen wollt. Ein paar Tips dazu findet ihr in diesem Kapitel.

Aktiv die Natur schützen!

Besonders in ländlichen Gebieten, aber auch in den Städten, könnt ihr ganz praktisch in der Natur aktiv werden. So könnt ihr gefährdete Tiere oder Landschaften schützen helfen.
Viele Vögel finden in den verbauten Städten heute keine Nistgelegenheiten mehr. Dagegen könnt ihr etwas tun, wenn ihr Nistkästen baut und sie in Bäumen oder an Hauswänden aufhängt. Nistkästen zu bauen ist gar nicht so schwierig, wie es sich zunächst anhört. Macht es wie auf der Bauanleitung auf der gegenüberliegenden Seite beschrieben, – und schon habt ihr einem Vogelpaar eine neue Heimat verschafft. Wenn ihr den Nistkasten gut beobachtet, könnt ihr vielleicht bald die Vögel beim Nestbauen oder dem Füttern der Jungen sehen.
Aber auch in der Stadt ist es möglich, ganz toll Vögel zu beobachten, und zwar an stillen, reich bewachsenen Orten, wie zum Beispiel an Friedhöfen. Hier kannst du viele verschiedene Vogelarten beobachten und anhand von Bestimmungsbüchern auch herausfinden, um welche es sich genau handelt! Wenn du auf dem Land wohnst, wirst du eh kein Problem haben, solche Stellen zu finden.
Doch nicht nur Vögel benötigen Nistkästen. Auch Fledermäuse, die inzwischen vom Aussterben bedroht sind, brauchen als Ersatz für verlorengegangene Lebensräume Nistkästen. Wie man die baut, erfahrt ihr bei einem der Büros, deren Adressen ihr im Anhang findet.

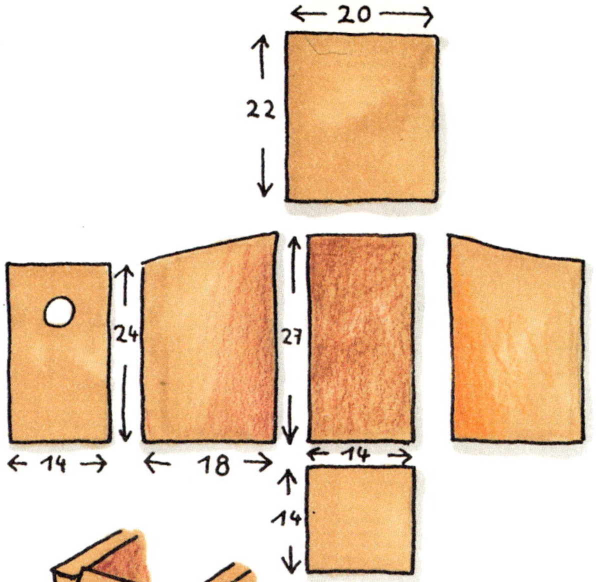

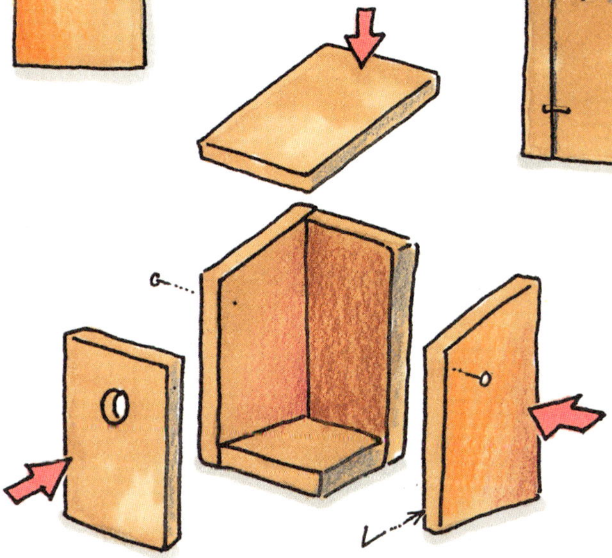

Nistkastenbau

Für den Nistkasten brauchst du nur sechs Holzbauteile, die alle etwa 2 cm dick sein sollen, damit die Temperatur im Nistkasten gleich bleibt. Das Holz besorgst du dir bei einem Schreiner. Geeignete Holzarten sind z.B. Fichte, Kiefer, Eiche oder Buche; auf keinen Fall darf Tropenholz oder Spanplatte verwendet werden! Am besten läßt du dir die Platten wie oben auf dem Bild vom Schreiner direkt zuschneiden. Alle Teile mußt du dann mit Sandpapier abschleifen, damit sich die Vögel nicht am Einstiegsloch oder den Kanten verletzen. Die einzelnen Platten mußt du dann verleimen (am besten mit lösungsmittelfreiem Holzleim), und zwar die zwei Seitenwände und die Rückwand mit dem Boden zuerst, darauf das Dach. In die Vorderwand läßt du dir vom Schreiner ein Loch bohren; es sollte einen Durchmesser zwischen 2,6 und 3,2 cm haben. So können die Vögel bequem ins Innere gelangen. Die Vorderwand wird nicht festgeleimt, sondern (wie auf dem Bild) oben eingeschraubt und mit zwei Haken, die du auch beim Schreiner bekommst, unten festgehalten. So kann sie aufgeklappt werden. Schließlich werden die geleimten Stellen noch mit Nägeln unterstützt – wichtig dabei ist, daß du vor dem Einschlagen der Nägel kurz auf deren Spitze hämmerst, weil sonst beim Einschlagen das Holz splittert.

An die Rückseite des Nistkastens schraubst du senkrecht eine lange Holzstange. Jetzt kannst du deinen Kasten an den überstehenden Enden der Stange mit Seilen am Baum befestigen.

Mit dem Spaten in der Hand ...

Die Erhaltung und die Pflege einer Streuobstwiese kann eine aufregende und sehr nützliche Aktion sein, die alle gemeinsam übernehmen können. Streuobstwiesen gibt es heute zwar seltener als vor hundert Jahren, aber fast in jeder Gemeinde existieren noch welche. Wo, das weiß sicher eine Naturschutzgruppe vor Ort. Streuobstwiesen sind große, wenig gemähte Wiesen mit hohen Obstbäumen, die größtenteils schon sehr alt sind. Im Gegensatz zu den heute weit verbreiteten Obstplantagen, auf denen viele Bäume einer Art dicht aneinandergedrängt wachsen, bietet die Streuobstwiese mit den großen Zwischenräumen und verschiedenen Obstsorten vielen gefährdeten Tieren Unterschlupf – etwa dem Steinkauz, dem Wiedehopf, zahlreichen Insektenarten und auch den Fledermäusen. Eins werdet ihr im Herbst auf jeden Fall erfahren: Die selbstgeernteten Äpfel oder der selbstgekochte Apfelmus schmecken um Längen besser als alles, was ihr irgendwo im Laden kaufen könnt!

Eine Streuobstwiese richtig zu pflegen ist eine schwierige Aufgabe, und hierbei muß euch auf jeden Fall ein sachkundiger Leiter unterstützen. Aber Wiesenmahd oder Neupflanzungen machen Spaß – und außerdem seht ihr genau, wo ihr etwas erreicht habt.

Wo eure Hilfe auch immer gefragt ist, das ist in Naturschutzgebieten. Auch diese gibt es fast in jeder Gemeinde, und auch sie werden von den Umweltschutzgruppen bei euch betreut (einfach anrufen und zu einem Treffen gehen). Hier muß immer irgendwo gebuddelt, gepflanzt oder gejätet werden. In Naturschutzgebieten umherzugehen ist schon ziemlich aufregend: Seht ihr die Kröten am Teich, obwohl sie sich mit ihrer Farbe fast an den Teichgrund angepaßt haben? Könnt ihr die verschiedenen Vogelarten in den Bäumen erkennen? Ein Nachmittag im Naturschutzgebiet (wo ihr euch natürlich vorsichtig verhalten müßt, um die Tiere nicht zu erschrecken oder die Pflanzen zu beschädigen) ist sicher tausendmal aufregender als ein Nachmittag vor dem Computer. Wenn man mithilft, sowieso.

Der Umwelt- oder Naturschutzverband vor der Haustür ...
Fast in jeder Gemeinde, aber zumindest in jedem Landkreis gibt es eine BUND-Gruppe, von der ihr euch bei Fragen oder schwierigen Projekten helfen lassen könnt. Die Adresse findet ihr entweder im Telefonbuch (unter „Bund für Umwelt und Naturschutz Deutschland"), oder ihr bekommt sie von eurem Landesbüro, dessen Adresse am Ende dieses Kapitels aufgeführt ist.

Euer Bach

Wenn ihr schon etwas Erfahrung im Naturschutz gesammelt habt oder jemanden findet, der euch einweist, könnt ihr auch die Patenschaft für den Teil eines Baches in eurer Nähe übernehmen. Allerdings bedeutet das schon eine ganze Menge Verantwortung für eure Gruppe. In Bächen und um Bäche herum leben viele Insekten und viele winzige Lebewesen. Wenn ihr mit Lupe und Sieb ausgestattet zum Bach hinuntergeht, könnt ihr sie sehen: Mückenlarven, Wasserflöhe, Algen, Krebse ... Die meisten Bäche sehen heute nicht mehr so aus, wie sie ursprünglich einmal waren. Bei einer Bachpatenschaft pflegt ihr einen Abschnitt des Baches, um ihn möglichst wieder zu einem natürlichen Lebensraum zu machen. Dazu gehört das Entfernen von Müll aus dem Bach und vom angrenzenden Ufer, die Neuansiedlung von heimischen Pflanzen und vieles mehr.

Wenn ihr eine Bachpatenschaft übernehmen wollt, müßt ihr euch an das Umweltamt eurer Gemeinde wenden. Dort erfahrt ihr, welchen Teil des Baches ihr pflegen könnt, und wer euch genaue Informationen zum Vorgehen geben kann.

Noch mehr erreichen durch Aktionen

Praktische Arbeit in der Natur macht Spaß, und außerdem ändert ihr mit eurer Gruppe so schon einiges. Es ist wichtig, daß immer mehr kleine Stücke wirklicher Natur erhalten und gepflegt werden. Das ist aber nicht alles. Denn wäre es nicht viel besser, wenn alle Leute sich um Natur und Umwelt kümmern würden?

Zu diesem Zweck könnt ihr in eurer Gruppe aktiv werden, indem ihr andere aufklärt und ihnen sagt, wie sie sich umweltfreundlicher verhalten können und warum das dringend notwendig ist.

Der Infostand

Ein Infostand ist gar nicht schwer zu organisieren. Als allererstes braucht ihr einen Termin, an dem ihr euch treffen wollt, dann einen Ort. Am besten sucht ihr euch etwas aus, wo ihr sicher sein könnt, viele Leute anzusprechen. Wollt ihr beispielsweise etwas zum Thema Verpackungsmüll machen, dann bietet es sich an, den Stand vor einem Supermarkt am Samstag zu machen, weil dann viele Leute einkaufen gehen. Aber denkt daran, frühzeitig zu planen, denn ein Infostand muß vom Ordnungsamt genehmigt werden.

Dann müßt ihr euch überlegen, wie ihr den Stand am besten gestaltet. Wie wäre es, wenn ihr ein paar Tage vorher auf ein Bettlaken ein großes Transparent malt? Dazu nehmt ihr einfach Abtönfarben – und auf das Laken kann ein passender Spruch („Mehrwegflaschen statt Dosen-Müll") oder auch einfach ein großes buntes Bild, das zu eurer Aktion paßt, gemalt werden. Zusätzlich könnt ihr euch noch andere Dinge überlegen, damit der Stand auffälliger wird. Hierher würde jetzt vielleicht einfach der Beweis passen, wieviel sinnvoller Mehrwegflaschen als Dosen sind: Ein Stapel Dosen neben einer einzigen Flasche und ein passendes Schild dazu („Diese Flasche ersetzt so viele Dosen") fallen sicher auf und machen auch anschaulicher, was ihr den Leuten sagen wollt. Die Hauptsache bei der Gestaltung eines Standes ist aber immer, daß möglichst viele Leute stehen bleiben und auf euch aufmerksam werden.

Auf diese Leute könnt ihr dann zugehen und ihnen Fragen stellen, beispielsweise dazu, ob sie müllarm einkaufen, oder ihr könnt sie in ein Gespräch verwickeln. Eine tolle Sache ist es auch, wenn ihr einen Fragebogen vorbereitet, auf dem die Interessierten Fragen zum Thema beantworten. Solche Fragebögen müßt ihr entwerfen, kopieren und verteilen. Nach der Aktion könnt ihr diese Fragebögen dann auswerten und überlegen, wie ihr weiter vorgeht.

Weiterhin passen an jeden Infostand Unterschriftenlisten. Auf einer Unterschriftenliste steht eure Forderung (zum Beispiel: „Wir wollen in unserer Gemeinde mehr Radwege anstatt neuer Autostraßen") und an wen diese Forderung gerichtet ist (in diesem Fall vielleicht an den Bürgermeister). Alle, die mit eurer Forderung übereinstimmen, unterzeichnen die Liste und schreiben ihren Namen und ihre Adresse dazu. Die vollen Unterschriftenlisten (möglichst viele!) gebt ihr dann persönlich ab, nachdem ihr einen Termin ausgemacht habt. Wenn es nicht anders geht – falls ihr euch z.B. bei einer Firma beschweren möchtet – könnt ihr die Listen auch mit der Post verschicken.

Infostände könnt ihr zu allen möglichen Themen machen. Ob zu Müll, Verkehr (auch zur Verkehrsberuhigung eurer Straße) oder Tropenwald (gegen die Abholzung), vielleicht auch einfach als Werbung für die Naturschutzarbeit, die ihr macht, – auf keinen Fall sollte übrigens die Spendendose auf eurem Tisch fehlen. So könnt ihr die Kosten für Farben, Kopien oder ähnliches wieder reinbekommen.

Der Infotisch

Das Transparent: Bunt, groß und auffällig und natürlich passend zu eurer Aktion. Gehalten wird das Transparent von zwei Holzstangen, die ihr entweder im Boden verkeilt oder am Tisch befestigt. Manchmal stehen auch zwei Laternen ganz günstig ...

Kuchen, Kekse, Tee: Könnt ihr zum Beispiel verkaufen, um eure Unkosten zu decken, oder auch einfach so für euch mitnehmen (nach ein paar Stunden in der Kälte hat man ganz schön Hunger und Durst ...).

Die Spendendose: Um die Auslagen zu decken, die ihr für die Aktion hattet, solltet ihr immer Geld sammeln.

Der Tisch: Möglichst groß soll er sein, aber leicht zu transportieren – ein Tapeziertisch ist ideal geeignet!

Die Dosenpyramide oder irgendwas anderes Auffälliges, damit viele Leute stehen bleiben ...

Materialien, Unterschriftenlisten, Flugblätter, damit die Interessierten direkt was mitnehmen können

Sich beschweren ist wichtig!

Überhaupt: Auch ohne Unterschriftenlisten ist es sinnvoll und wichtig, Briefe zu schreiben. Wenn euch etwas sauer aufstößt, schreibt einen Brief und fragt nach! Stellt euch vor, ihr findet im Supermarkt neben den Milch-Mehrweg-Flaschen noch umweltfeindliche Milchkartons (die übrigens aus so vielen Materialien bestehen, daß man sie nicht wiederverwerten kann, obwohl die Hersteller es immer wieder behaupten!). Dann schreibt der Molkerei doch einen Brief, warum sie noch nicht ausschließlich Flaschen verkaufen. Wenn das viele von euch machen, wird die Firma es sich vielleicht überlegen. Nur muß jeder wirklich selber einen eigenen Brief abschicken, damit die Firma erkennt, daß ihr es ernst meint und euch Mühe mit dem Brief gegeben habt. Und schließlich: Bleibt am Ball! Wenn ihr eine Antwort bekommt, die euch nicht paßt, schreibt einfach zurück und verlangt eine ausführlichere Antwort.

Aktionsfeld Schule

Ob du nun gerne in die Schule gehst oder nicht, einen großen Teil deines Tages verbringst du dort. Für eine Umweltgruppe kann die Schule ein wichtiger Einsatzort werden. Es gibt viel zu verändern, um eine wirklich umweltfreundliche Schule zu schaffen.

Papierberge

Wenn ihr in den Schulranzen schaut, ist Papier sicher das Material, von dem ihr am meisten bei euch habt. Für jedes Blatt neu hergestelltes Papier wird der Teil eines frisch gefällten Baumes benötigt und außerdem eine Menge giftiger Chemikalien, um die weiße Farbe zu erreichen. Gleichzeitig werden täglich Stapel altes Papier wie Zeitungen, Notizzettel, alte Briefe und vieles mehr in den Müll geworfen und auf Mülldeponien, die immer größer werden, gelagert. So wird die Umwelt doppelt belastet.
Aber man kann etwas dagegen tun! Umweltschutzpapier wird aus altem Papier hergestellt, indem die Holzfasern in Wasser gelöst und zu neuem Papier verarbeitet werden. Die gräuliche Färbung des Papiers kommt daher, daß noch Farbreste am Altpapier vorhanden sind und auf eine „Bleiche" verzichtet wird. Auf jeden Fall ist graues Papier viel umweltfreundlicher als jedes noch so „chlorfrei" gebleichte Papier, und inzwischen gibt es auch alle Schulheftarten aus Umweltschutzpapier. Habt ihr in eurer Umweltgruppe selbst schon alle solche Hefte? Wie sieht es mit den anderen in eurer Klasse aus? Und wie ist es mit den Kopien: Sind die auch schon auf Umweltschutzpapier? – Manche Lehrerinnen und Lehrer meinen nämlich, daß dieses Papier den Kopiergeräten schadet. Daß das nicht stimmt, haben schon vor Jahren Leute im Bundesumweltministerium festgestellt.

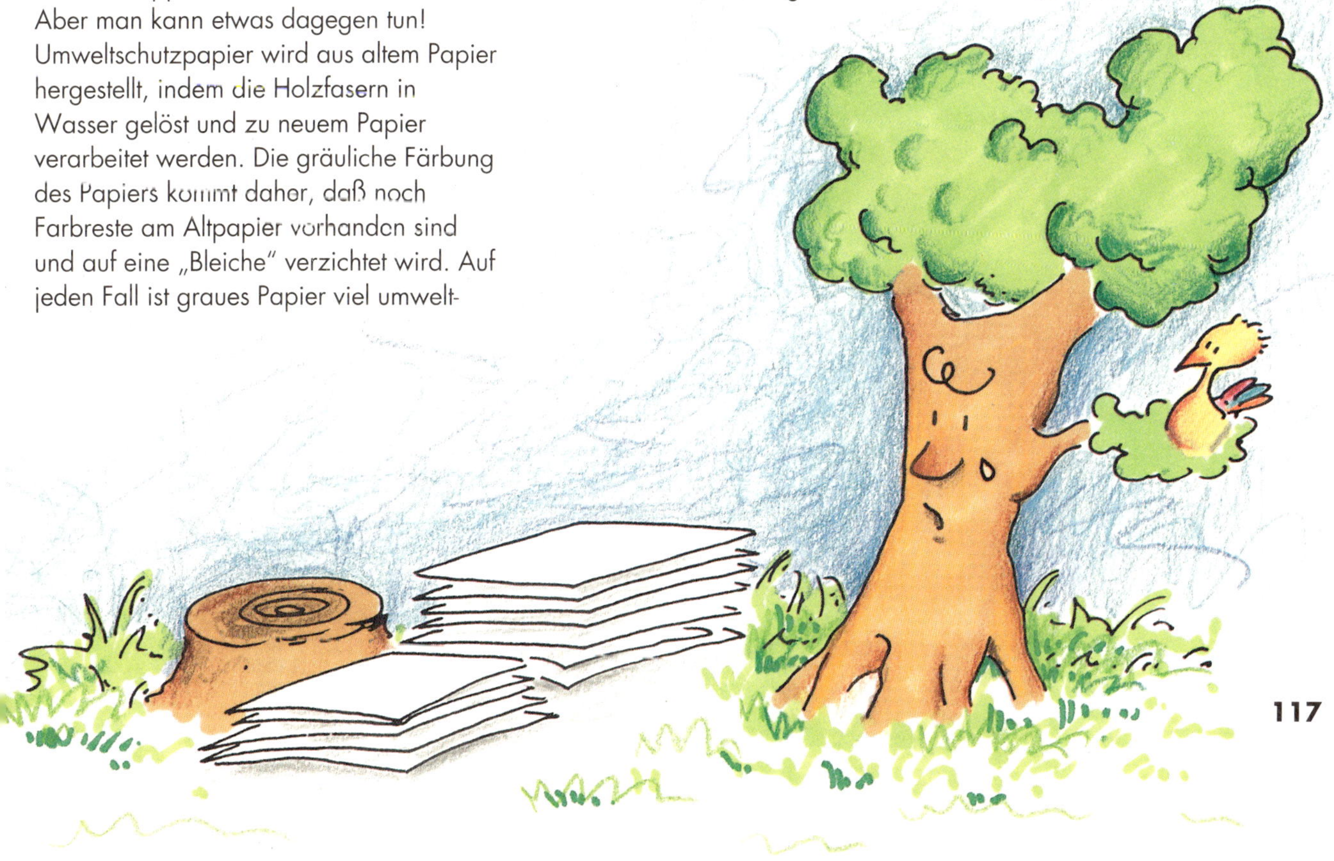

Wenn wir einmal dabei sind:
Wie wär's mit einer Aktion *„Umweltfreundlicher Schulranzen"* in eurer Klasse oder eurer ganzen Schule? Vielleicht kriegt ihr ja eine Schulstunde zur Verfügung gestellt, in der ihr erzählen könnt, was man so im Schulranzen haben sollte und was nicht.

Umweltfreundlicher Schulranzen

Faserschreiber, Filzschreiber, Textmarker und ähnliches Zeug gehören da nicht rein. Als Ersatz dienen unlackierte Buntstifte, Bleistifte oder Wachsmalstifte. Es gibt auch Bleistifte, mit denen man Texte wie mit dem Marker einfärben kann!
Das allerbeste Schreibgerät überhaupt ist der Füller, vor allem, wenn er ohne Patronen benutzt werden kann. Es gibt nämlich inzwischen eine breite Auswahl von Füllern, bei denen die Tinte aus dem Faß eingezogen wird. Das kann herrliche Sauereien beim Auffüllen geben ... Außerdem gibt es die Tinte in den verschiedensten Farben, was Abwechslung garantiert. Wenn jemand in eurer Klasse doch mit Kuli schreiben will, sollte er wenigstens einen Holzkugelschreiber mit auswechselbarer Mine benutzen.

Radiergummis gibt's außer aus grellbuntem PVC (einem Kunststoff, der krebserregend und unheimlich umweltschädlich ist) auch aus Kautschuk. (Kautschuk ist der Rohstoff, aus dem auch richtiges Gummi hergestellt wird. Es ist ursprünglich eine weiße Flüssigkeit, die im Inneren von Bäumen vorkommt.) Radiergummis aus Kautschuk sind meistens gräulich-weiß. Außerdem gibt es auch solche, die Tinte entfernen. Damit könnt ihr auf Tintenkiller verzichten, die gesundheitsschädlich sind!
Klar: Lineale, Heftmappen, Umschläge und so weiter sollten nicht aus Kunststoff, sondern aus natürlichen Materialien wie Holz oder Altpapier bestehen. Und es gibt wirklich alle Schulsachen in umweltfreundlicher Ausführung!
Puh, ihr seht: Überall gibt es was für eure Umweltgruppe zu tun. Wollt ihr vielleicht auch ein Plakat mit all diesen (und noch mehr selbstgesammelten!) Tips machen und in eurer Schule gut sichtbar aufhängen?

Trennen statt zu pennen

Wird in eurer Schule eigentlich Papier schon getrennt gesammelt? Um Altpapier herstellen zu können, muß Papier getrennt von allem anderen Müll gesammelt werden. Das bringt man dann zu Sammelstellen oder wirft es in Altpapiercontainer. Wenn in eurer Schule Papier noch nicht getrennt gesammelt wird, ist das ein Fall für die Umweltgruppe: Bemalt doch einfach große Kartons (aus dem Supermarkt), so daß allen auffällt, daß in ihnen Papier gesammelt werden soll, und stellt in jeden Klassenraum neben den anderen Abfallkorb einen! Jetzt müssen die vollen Kartons nur noch regelmäßig geleert werden. Am besten fragt ihr euren Klassenlehrer, wie das organisiert werden soll, und eure Freunde aus den anderen Klassen auch. Ein Tip: Findet vorher noch heraus, wo der nächste Container oder die nächste Sammelstelle ist.
Übrigens bringt es auch viel, wenn ihr Glas in einem getrennten Karton sammelt. Weil soviel Glasmüll ja nicht anfällt, reichen vielleicht zwei ganz besonders schöne Kartons auf dem Schulflur.

Aktuelle Stunde

So nennt man es im Bundestag, wenn ein wichtiges Thema besprochen wird. Redet mal mit euren Lehrerinnen und Lehrern: Vielleicht könnt ihr solche aktuellen Stunden zu Umweltthemen auch jeden Monat statt einer normalen Deutsch- oder Mathestunde einlegen. Ein paar bereiten dann immer ein Thema vor, und vielleicht kann euer Lehrer euch ja auch unterstützen.
Überhaupt: Wie halten es denn eure Lehrer so mit dem Umweltschutz? Ihr könntet ein großes Papp-Plakat aufhängen, worauf die Lehrer schreiben, wie sie zum Beispiel zur Schule kommen (umweltfreundlich mit dem Fahrrad oder Bus oder etwa mit dem Auto). Warum? Welche Umweltprobleme finden sie am wichtigsten? Und damit's fair ist (und außerdem ja auch interessant), könnt ihr für die Klasse noch ein Plakat danebenhängen. Über die Ergebnisse läßt sich gut streiten!

Der Schulgarten

Schulgärten gibt es heute schon an vielen Schulen. Meistens sind das recht kleine Flächen, auf denen ein Teich und ein paar Pflanzen drumherum angelegt sind. So unwahrscheinlich das klingt, bereits nach kurzer Zeit siedeln sich – wenn er richtig gestaltet wird – Pflanzen und Tiere im Schulgarten an, obwohl außenrum vielleicht nur kahle Betonwände stehen. Meistens wird der Schulgarten von einer Lehrerin oder einem Lehrer verwaltet, die immer Leute wie euch suchen: Schüler, die Lust haben, ihnen bei der Pflege des Gartens zu helfen. Der Schulgarten ist auch deswegen eine so interessante Sache, weil sich mit dem Jahr die Aufgaben verändern und ihr den Ablauf in der „großen Natur" ganz im Kleinen erleben könnt. Falls es an eurer Schule noch keinen Schulgarten gibt, haltet doch nach einem geeigneten Platz Ausschau und sprecht eure Lehrer an. Wichtig ist, daß ihr eine Wiese oder ein Stück Land habt, das nicht mit Betonplatten zugepflastert ist. Der Rest läßt sich dann meistens regeln. Ein Tip: Vom BUND gibt es gute Broschüren, in denen steht, wie ein ökologischer Schulgarten aussehen muß.
Überhaupt lassen sich auch andere Bepflanzungsaktionen überlegen, wenn ihr eure Schule ein bißchen grau und langweilig findet. Pflanzen machen Gänge, Klassenräume und Wände schöner und sind außerdem nützlich für die Umwelt! Bevor ihr aber die Außenwände eurer Schule mit Efeu bepflanzt, fragt erst mal beim Direktor nach ...

Viele Umweltgruppen zusammen

Es gibt also viel zu tun für euch als Umweltgruppe. Und manchmal werdet ihr es ganz sicher schaffen, der Umwelt einen großen Dienst zu erweisen. Natürlich könnt ihr nicht alleine erreichen, daß weniger Autos auf den Straßen fahren oder keine Wale mehr gejagt werden. Aber dafür gibt es ja ganz viele Umweltgruppen in eurer Umgebung, in Deutschland und in der ganzen Welt. Wenn ihr alle zusammen zeigt, daß ihr findet: „So kann es nicht weitergehen, es muß was geändert werden!", dann wird auch darauf gehört. So ändern sich langsam die „großen" Probleme – durch eure Arbeit!
In Deutschland haben sich über 700 Umweltgruppen und über 33.000 Kinder und Jugendliche in der BUNDjugend (Jugend im Bund für Umwelt und Naturschutz Deutschland) zusammengeschlossen, eben um die großen Umweltprobleme gemeinsam lösen zu können.
Auch für euch kann die (Mit-)Arbeit der BUNDjugend sehr nützlich sein.
Warum wohl?

Sich treffen und Spaß haben

Bei regelmäßigen Treffen mit Gruppen aus eurer Nähe könnt ihr euch mit anderen Umweltgruppen austauschen. Ihr könnt erzählen, was ihr so vorhabt, und die anderen erzählen von ihren Erlebnissen. Und umgekehrt. Dabei geht es eigentlich immer sehr lustig zu.
Außerdem bietet die BUNDjugend zu fast allen Jahreszeiten Kinderfreizeiten an, die ein bis drei Wochen dauern und bei denen ein Thema ausführlich behandelt wird – das kann der Wald sein, das Wasser oder auch die Indianer. Was genau bei dir in der Nähe läuft, erfährst du aus dem Seminarprogrammheft der BUNDjugend, das du beim Umweltbüro bestellen kannst. (Die Adressen findest du am Ende des Kapitels.) Außer den Freizeiten stehen dort auch die Seminare drin, die meist ein Wochenende lang dauern. Größtenteils handelt es sich um Treffen, die von Freitag bis Sonntag dauern, zu Themen wie Insekten, Fledermausschutz, Verkehr oder Flüsse. Manchmal wird aber auch ein Wochenende lang ökologisch gekocht oder gebacken, es werden Spiele ausprobiert oder Träume entworfen, wie die Welt später einmal aussehen soll. Auch du kannst natürlich an jedem Seminar teilnehmen, wenn du dich vorher anmeldest.

Lesen, was los ist

Letztlich gibt es bei der BUNDjugend auch viele Broschüren, Hefte und Bücher zu Umweltthemen. Manche sind ganz umsonst, und einige kosten ein paar Mark. Eine Liste mit all den Infos bekommt ihr auch bei eurem Landesbüro.
Die Hauptsache ist immer, daß ihr als Umweltgruppe viel Spaß dabei habt, für die Umwelt aktiv zu sein. Laßt euch nicht entmutigen, wenn mal etwas nicht so klappt, wie ihr es euch vorgestellt habt. Wichtig ist nur, ihr habt es probiert und gebt nicht auf!

BUNDjugend Bundesgeschäftsstelle
Postfach 30 02 49
53182 Bonn
(0228) 46 70 05

Jugendorganisation Bund Naturschutz
(BAYERN)
Kreittmayrstr. 32
80335 München
(089) 18 80 74

BUNDjugend BADEN-WÜRTTEMBERG
Rotebühlstr. 86/1
70178 Stuttgart
(0711) 6 19 70 20

BUNDjugend BERLIN
Jagowstr. 12
10555 Berlin
(030) 3 92 82 80

BUNDjugend BRANDENBURG
c/o BUNDjugend Büro Neue Länder
Im Technologiezentrum
Potsdamer Str. 10
14513 Teltow
(03328) 4 77 29 27

BUNDjugend BREMEN
Am Dobben 44
28203 Bremen
(0421) 7 29 68

BUNDjugend HAMBURG
Lange Reihe 29
20099 Hamburg
(040) 24 44 11

BUNDjugend HESSEN
Kelsterbacher Str. 28
64546 Mörfelden-Walldorf
(069) 61 44 44

BUNDjugend MECKLENBURG-
VORPOMMERN
Ziegelbergstr. 1
17033 Neubrandenburg
(0395) 66 65 12

JANUN (Jugendaktion Natur- und
Umweltschutz NIEDERSACHSEN)
Goebenstr. 3a
30161 Hannover
(0511) 3 94 04 15

BUNDjugend NORDRHEIN-WESTFALEN
Graf-Adolf-Str. 7-9
40878 Ratingen
(02102) 91 06 25

BUNDjugend RHEINLAND-PFALZ
Friedrich-Ebert-Str. 3
67574 Osthofen
(06242) 46 46

BUNDjugend SAARLAND
Großherzog-Friedrich-Str. 66
66121 Saarbrücken
(0681) 63 84 41

BUNDjugend SACHSEN-ANHALT
c/o Ronald Carius
Große Klausstr. 11
06108 Halle
(0345) 3 87 67

BUNDjugend SACHSEN
Henriettenstr. 7
09112 Chemnitz
(0371) 3 14 77

BUNDjugend SCHLESWIG-HOLSTEIN
Lerchenstr. 22
24103 Kiel
(0431) 67 39 53

BUNDjugend THÜRINGEN
Uferstraße 1
99817 Eisenach
(03691) 62 45 97

Greenpeace
Vorsetzen 53
20459 Hamburg

Naturschutzjugend
Königssträßle 74
70597 Stuttgart

Abfall ist kein Müll

Spielen und basteln mit Sekundärmaterial

Zeichenmappe Marke Eigenbau

Zeichenmappen gibt's zu kaufen, klar. Aber für eure selbstgemalten Bilder ist doch eine selbstgebastelte Mappe viel passender. Ihr braucht allerdings zwei gleich große rechteckige Pappstücke, die relativ stabil sind. Achtet mal darauf, wieviel tolle, brauchbare Pappe auch bei euch zu Hause im Altpapiercontainer landet. Oft sind zum Beispiel in den Verpackungen von Hemden oder Bettwäsche schöne glatte Pappstücke eingelegt. Aber auch zwei Seitenteile eines Pappkartons lassen sich, entsprechend zugeschnitten, gut gebrauchen. Wenn ihr zwei geeignete Pappstücke gefunden habt, sucht ihr euch einen festen Stoffstreifen. Er sollte genauso lang sein wie die längere Seite eurer rechteckigen Pappstücke.

Jetzt legt ihr die beiden Pappstücke dicht und gerade nebeneinander und klebt mit Tapetenkleister den Stoffstreifen so auf die „Nahtstelle" zwischen beiden Stücken, daß sie fest verbunden werden.

Wenn der Kleber getrocknet ist, könnt ihr eure Mappe schon zuklappen. Zum Verschließen klebt ihr zwei kurze Stücke Schnur auf die Innenseiten der Mappe, dem Stoffrücken genau gegenüber. Die fertige Mappe bemalt ihr jetzt, wie es euch gefällt. Ihr könnt sie auch mit kleinen Buntpapierschnipseln, gepreßten Herbstblättern oder lustigen Geschenkpapierresten bekleben.

Stofftaschen-Bilder

Stofftaschen sind nicht nur umweltfreundlicher als Plastiktüten, sie lassen sich auch schwerer bepacken, reißen seltener und können immer wieder benutzt werden. Damit das Einkaufen richtig Spaß macht, könnt ihr eure Stofftaschen außerdem toll bemalen. Dazu eignen sich zum Beispiel Stoff- oder Baumwollfarben.

Schön sieht es aus, wenn ihr eure Hände dünn mit Fingerfarben bestreicht und auf die Stofftasche drückt. Ihr könnt natürlich auch richtige Bilder malen oder zum Beispiel eure eigenen Ideen und Wünsche für eine kinder- und umweltfreundlichere Umgebung draufschreiben. Denkt daran, die Arbeitsfläche vorher mit Zeitungspapier auszulegen, damit hinterher nicht das ganze Zimmer voller Farbe ist. Legt auch in die Innenseite der Tasche eine Lage Papier, damit sich die Farbe nicht durchdrückt. Im Sommer kann man solche Taschenbilder übrigens auch gut im Freien herstellen.

Müll-Modenschau

Verwendet doch die Dinge, die sonst einfach so weggeworfen werden, für eine tolle Party-Idee. In eurer Papierabfall-Kiste findet ihr Material dafür. Thema eurer „Müll-Party" ist nämlich die Müll-Modenschau. Hierfür könnt ihr interessante Kostüme basteln. Aus altem Zeitungspapier könnt ihr eine Krawatte für den Moderator der Modenschau herstellen. Ein alter, kaputter Gummiball wird auf einen Holzlöffel gesteckt und dient als Mikrophon. Altes Geschenkpapier ist ein prima Stoff für verschiedene Kostüme. Daraus lassen sich Röcke, Blusen und Kleider herstellen. Einfach Löcher reinschneiden und hier und da mit Kreppband „Nähte" setzen – fertig ist das „Recycling-Designer-Modell". Hüte werden aus Pappkartons mit Schleiern aus Zeitungspapier kreiert.

Roboter, Ritter und außerirdische Wesen

Aus großen Kartons lassen sich Kostüme für Roboter, Ritter oder außerirdische Wesen basteln. Für Kopf und Arme müßt ihr Löcher reinschneiden und – je nach Motto – den Karton bemalen und bekleben. Bestimmt fallen euch noch andere lustige Kostüm-Ideen ein.

Röcke aus Konservendosen

Aus alten Konservendosen lassen sich z.B. Röcke herstellen. Wie? In die Böden der Büchsen bohrt ihr ein Loch. Jetzt müßt ihr die Büchsen auf eine Schnur oder alte Geschenkbänder fädeln. Wenn ihr genug solcher „Büchsen-Streifen" gebastelt habt, werden sie an einem Gürtel befestigt. Übrigens: Dieses Kostüm könnt ihr auch aus Papprollen von Krepp- oder Klopapier basteln. Damit die Sache hält, müßt ihr nur Bierdeckel dazwischenfädeln. Den Namen für euren Büchsen- oder Rollen-Rock könnt ihr euch selbst ausdenken.

Clownsnasen und Tierschnauzen

Und noch eine Idee: Alte Eierkartons werden ganz einfach zu Clownsnasen oder Tierschnauzen. Dafür schneidet ihr die hochstehenden Teile aus den Eierkartons aus. Jetzt ist Fantasie gefragt. Ihr bemalt das „Eierfach" mit Finger- oder Wasserfarben entweder rot als Clownsnase oder auch beige als Schweineschnauze. Dann nehmt ihr ein 30–40 cm langes und sehr dünnes Gummiband und knotet es an jeder Seite eurer Kartonnase durch ein dünnes Loch. Das stecht ihr vorher mit einer dünnen Nadel aus. In die Nasenunterseite braucht ihr jetzt nur noch zwei kleine Nasenlöcher zu bohren – und fertig ist die Pappnase.

Dinosaurier aus alten Zeitungen

Dinosaurier zu basteln macht großen Spaß und ist ganz einfach.

Hierzu braucht ihr jede Menge alte Zeitungen, kleinmaschiges Drahtnetz, Finger-, Plaka- oder Wasserfarben und Tapetenkleister.

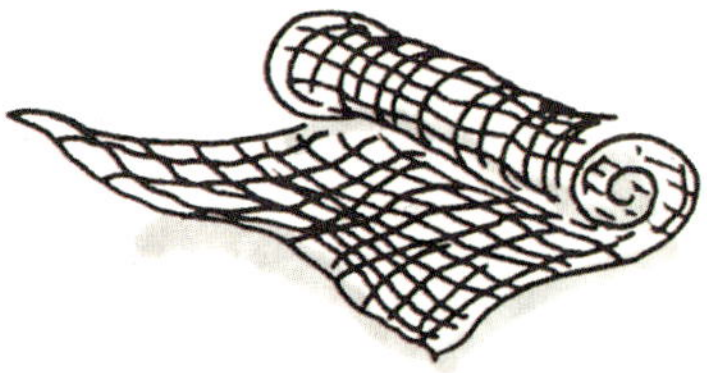

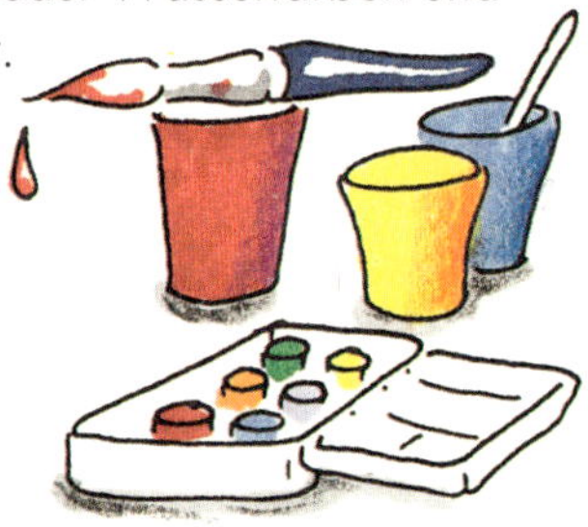

Mit dem Draht könnt ihr zunächst die Form eures Dinos vorbiegen. Lange Schwänze, dicke Bäuche, Kopf- und Schnauzenform lassen sich so bereits erkennen.

Jetzt kommt die Kleistermasse dran. In einem großen Eimer mischt ihr langsam Zeitungsschnipsel mit Wasser und Tapetenkleister. Wichtig ist, daß die Schnipsel möglichst klein sind, damit sie sich nach etwas Rühren mit dem Kleister zu einer zähen Masse verbinden. Wenn die Pampe so dick ist, daß ihr damit formen könnt, geht's los.

Jetzt wird euer Dinomodell mit der Zeitungsmasse umklebt. Hierbei geht's natürlich auch um die Feinarbeit: Schwanzzacken, Ohren, Rachen und Augen könnt ihr formen, wie es euch gefällt. Zum Schluß könnt ihr euren Dino noch bunt anmalen.

Eine Collage

Natürlich wißt ihr, was eine Collage ist! Für eine Collage benutzt der Künstler oder die Künstlerin verschiedene Materialien und viele Einzelteile, die zu einem Kunstwerk „zusammenmontiert" werden. Für Collagen könnt ihr Bilder und Buchstaben oder Wörter aus Zeitungen ausschneiden, ihr könnt aber auch Abzüge von Fotos oder selbstgemalte Bilder und Seiten aus alten Schulheften nehmen. Die einzelnen Materialien, Fotos, Schnipsel oder Papierfetzen klebt ihr dann so auf einen Bogen Papier auf, daß ein schönes Bild entsteht.

Die Collage, um die es hier geht, besteht aber aus ganz anderen Einzelteilen, nämlich nur aus natürlichen. Dafür sucht ihr euch Zweige, Blätter, Rindenstücke, Gräser, Federn, leere Schneckenhäuser und ähnliches. Jetzt könnt ihr die Einzelteile zum Beispiel auf ein festes Stück Pappe kleben.

Ihr könnt aber auch aus Bastelgipsresten einen festeren Brei anrühren, ihn auf ein Holzbrett streichen und – solange der Gips noch nicht hart ist – die verschiedenen Materialien hineindrücken. So entstehen interessante Collagen, die ihr in euer Zimmer hängen oder auch verschenken könnt.

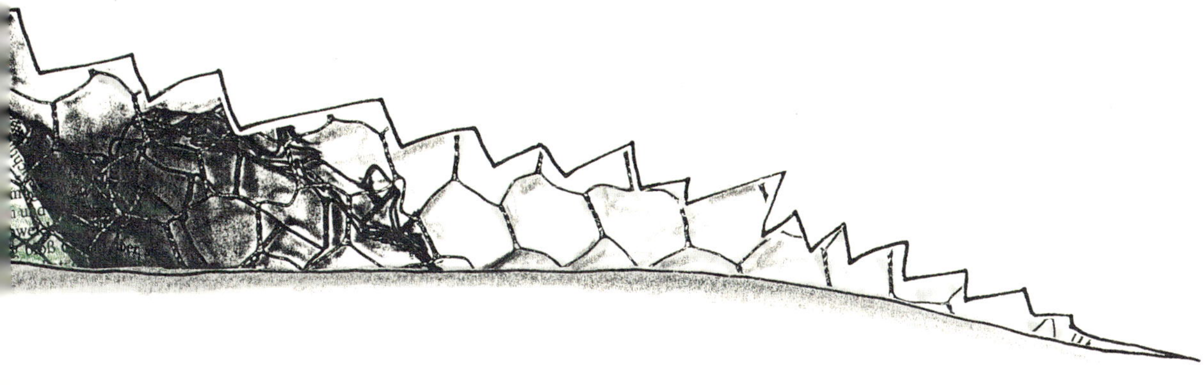

Recycling-Musikinstrumente

Musikinstrumente sind meist sehr teuer. Dabei könnt ihr den unterschiedlichsten Dingen tolle Klänge entlocken. Zunächst wird gesammelt: Hülsenfrüchte, Joghurtbecher, Dosen, Eislöffel, Schuhcremedosen, Pappröhren, Fensterleder, Waschmitteltrommeln, Holzbrettchen, Kronkorken und Käseschachteln. Jetzt kann's losgehen!

Papprohr-Bongos
Wenn euch schon mal Kalender oder Poster ins Haus geschneit sind, habt ihr sicher runde Pappröhren zu Hause. Diese kürzt ihr in drei verschiedene Längen. Jede Röhre wird an der offenen Seite mit einem alten Fensterleder bespannt. Das geht am besten mit Reißzwecken. Die drei verschieden langen Bongos geben verschiedene Töne von sich. Am besten bindet ihr sie zusammen.

Reis-Rassel & Co
Zwei leere Dosen, in die ihr vorher Reis oder Erbsen gefüllt habt, werden an den Öffnungen zusammengeklebt. Hierfür nehmt ihr am besten Kreppklebeband. Die Rassel könnt ihr auch aus Joghurtbechern oder aus Schuhcremedosen basteln. Und noch ein Instrument: Füllt in zwei alte Küchen-Trichter 3–4 kleine Glöckchen und klebt das Ganze an der breiten Öffnung aneinander. Die beiden Enden dienen als „Haltegriff", wenn ihr eure Trichterglocken läuten wollt.

Der Dreh mit der Käseschachtel

Eine runde Käseschachtel wird auf einen Holzstab gespießt. Am besten schneidet ihr vorher an zwei gegenüberliegenden Punkten kleine Halbkreise in den Rand des Schachteldeckels und des Unterteils. Achtung: Die fertigen Löcher dürfen nicht größer sein als der Durchmesser eures Stabs, damit die Schachtel nicht herunterrutscht. Wenn ihr jetzt die Schachtel schließt, habt ihr zwei gegenüberliegende Löcher, durch die ihr den Stab schieben könnt. Zunächst legt ihr den Stab jedoch in eine Hälfte der geöffneten Schachtel so, daß ein Ende länger hervorschaut. An dem Stück, das innerhalb der Schachtel liegt, befestigt ihr vier 20 cm lange Fäden. Deren Enden werden durch vier kleine Löcher, die ihr vorher mit einer Stopfnadel in die Seiten der Schachtel pikst, gefädelt. Je zwei auf jeder Seite. An den Enden der Fäden befestigt ihr dann Holzperlen. Jetzt könnt ihr den Deckel draufsetzen. Wenn ihr nun den Stab zwischen den Händen hin und her reibt, fliegen die Holzperlen gegen die Käseschachtel. – Und das hört dann jeder, wetten?

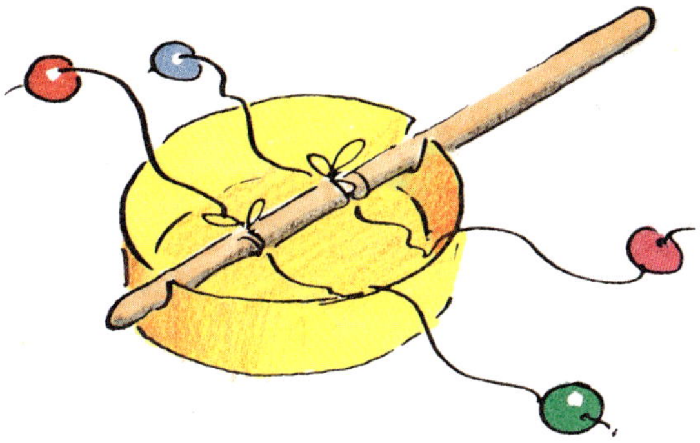

Schaschlik mit Musik

Zwischen zwei Holzbrettchen, die ihr mit kleinen Schraubzwingen gegeneinander preßt, legt ihr Schaschlikspieße aus Metall, die verschieden weit herausragen. Dieses „Instrument" braucht nun noch einen Klangkörper. Am besten legt ihr es auf eine Holzschüssel. Mit Kaffee-Löffeln könnt ihr eurem „Xylophon" galaktische Klänge entlocken. Wer Lust hat, kann durch das Verschieben der Spieße sogar eine richtige Tonleiter erzeugen.

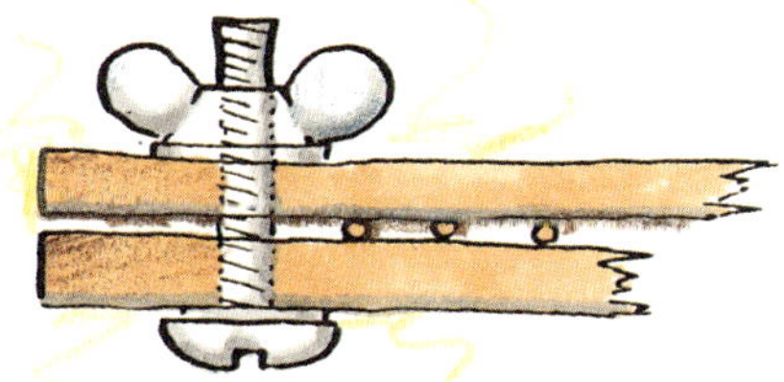

Flaschenmusik im Freien

Wer zu Hause Flaschen findet, die nirgendwo abgegeben werden können, sollte daraus dieses Flaschenmusik-Instrument bauen: Legt einen Besenstiel über zwei Stühle und bindet mit dünnen, festen Bindfäden in gleichen Abständen Flaschen daran. Mit Wasser gefüllt, können sie mit einem Holzstab oder einem Löffel zum Klingen gebracht werden. Experimentiert doch mal mit den Wasserhöhen, vielleicht schafft ihr es ja, eine Tonleiter herzustellen.

Kronkorken-Orchester

Dafür braucht ihr einen Kleiderbügel aus Draht und viele Kronkorken. Zuerst müßt ihr aus allen Kronkorken die Plastikeinlage entfernen. Mit Hammer und Nagel schlagt ihr dann in jeden Kronkorken ein Loch. Hierbei laßt ihr euch am besten von jemandem helfen, der besonders viel Kraft hat! Dann müßt ihr den Kleiderbügel aufdrehen. Am besten, indem ihr den Aufhänger mit einer kleinen Zange so lange dreht, bis der Bügel sich öffnet. Jetzt geht alles ganz leicht: Fädelt die Korken auf euren Kleiderbügel. Dann dreht den Aufhänger des Kleiderbügels wieder zu. Wenn ihr euer Instrument schüttelt, könnt ihr das Orchester hören.

Wer keinen Kleiderbügel findet, kann die Korken auch einfach auf ein Stück festen Draht fädeln. Oben und unten müßt ihr dann mit einer Zange eine Schlaufe biegen, damit die Korken nicht runterrutschen.

Umweltschutz in der Familie

Pst! – Diese Seite ist nur für euch Kinder, ganz unter uns!

Klar – zu Umweltfragen wißt ihr schon eine ganze Menge. Ihr habt ja auch früh gelernt, daß es wichtig ist, sich um die Umwelt zu kümmern, und seit ihr denken könnt, denkt ihr bei allem, was ihr tut, auch immer an die Umwelt.
Für euch ist es also normal, daß ihr Fragen über eure Umwelt wichtig findet.
Vielleicht habt ihr aber schon öfter gemerkt, daß die Erwachsenen nicht ganz so pfiffig sind, was die Umwelt betrifft. Vieles sehen sie nicht, und sie tun sich auch schwer umzulernen. Deshalb müßt ihr mit den Erwachsenen Geduld haben und ihnen etwas Zeit lassen. Denn als die Erwachsenen Kinder waren, da gab es viele der Umweltprobleme, die man heute kennt, noch gar nicht, und über viele Dinge mußten sie sich gar keine Gedanken machen.
Laßt euch mal von euren Eltern oder Lehrern erzählen, wie es früher war. Fragt sie mal danach, wie die Natur aussah, als sie noch Kinder waren, wie viele Autos es gab oder ob sie noch einfach in Flüssen und Seen baden konnten. Ihr werdet merken, viele Dinge haben sich verändert, und vieles, was ihr wißt, haben sie einfach nicht gelernt.
Darum müßt ihr es ihnen beibringen, denn nur dann werden sie in kleinen Schritten ihre alten Gewohnheiten ablegen. Macht langsam dabei – immer Schritt für Schritt.
Und vor allem: Geht mit gutem Beispiel voran, denn so merken sie am deutlichsten, daß ihr es ernst meint, und dann werden sie sich bemühen.
Außerdem geht es beim Schutz der Umwelt um eure Zukunft, und die ist auch den Erwachsenen wichtig, denn sie wollen, daß es euch später auch gut geht. Wir wollen alle eine Umwelt, in der es Spaß macht zu leben und die uns nicht krank macht. Und das soll so weitergehen, wenn ihr erwachsen seid, auch für eure Kinder, und deren Kinder, und deren Kinder, und ...
Helft euren Eltern, diesen Weg gemeinsam mit euch zu gehen. Lobt sie dabei und denkt immer daran, daß ihr ihnen eine Nasenlänge voraus seid.
So, – die nächste Seite ist jetzt für die Erwachsenen. Denn nur, wenn sie euch ernst nehmen und an der Lösung der Umweltprobleme mit euch zusammen arbeiten, werden sie lernen, wie es alle gemeinsam besser machen können.

Für die Erwachsenen!

Der technologische Fortschritt und das industrielle Wachstum haben sich in den letzten Jahrzehnten erheblich beschleunigt. Parallel zu dieser Entwicklung nehmen jedoch auch die daraus resultierenden Umweltprobleme zu, und erst allmählich hat man die ungewollten Folgen in ihrer ganzen Tragweite erkannt.
Erstaunlicherweise sind es heute häufig gerade die Kinder, die die Zerstörung von Natur und Umwelt deutlicher als die Erwachsenen wahrnehmen und ein ausgeprägtes Bewußtsein für die damit verbundenen Gefahren und Risiken entwickelt haben.
Eine wichtige Ursache dafür ist sicherlich darin zu sehen, daß heute in Kindergarten und Schule ökologische Zusammenhänge und Umweltprobleme in ihren Ursachen und Folgen zu den normalen Lerninhalten gehören. So werden Kinder frühzeitig für Umweltprobleme sensibilisiert.
In den Medien, insbesondere im Fernsehen, konzentriert sich die Berichterstattung zum Thema Umwelt jedoch fast ausschließlich auf Unfälle und Katastrophenmeldungen. Vor dem Hintergrund von Schreckensbildern und Horrormeldungen sehen sich Kinder der Situation hilflos ausgeliefert und erleben unsere Umwelt häufig als bedrohlich und beängstigend. Dies erschwert den Ansatz, Kindern die ökologischen Schwierigkeiten der Gegenwart konstruktiv und spielerisch nahezubringen.
Für die Eltern und Betreuer der Kinder stellt sich daher die Aufgabe, Umweltprobleme und Umweltschutz in ihrer Bedeutung und Tragweite zu behandeln, gleichzeitig jedoch lösungsorientierte Ansätze aufzuzeigen und zu vermitteln.
Die Familie als Mittelpunkt im Leben der Kinder ist sicher der beste und wichtigste Platz, um Orientierung und Hilfe zu geben. In ihr haben Eltern und Kinder die Chance, Fragen anzusprechen und aktive Ansätze zu Lösungen aufzuzeigen. Einige Punkte sind dabei von besonderer Bedeutung: Umwelterziehung vollzieht sich in vielen kleinen Schritten und auf verschiedenen Ebenen. Deshalb ist es wichtig, langsam an die Thematik heranzuführen, die Aufgabe mit Geduld anzugehen und sich Zeit zu lassen. Dies wird nicht nur von den Erwachsenen gefordert. Sie sollten Wissen und Fähigkeiten der Kinder nicht unterschätzen, die häufig über einen Informationsvorsprung verfügen und mit pfiffigen Ideen überraschen. Kinder brauchen Raum und Zeit im Familienalltag, um ihre Gedanken darzulegen. Umweltfragen und die mit ihnen verbundenen Probleme und Fragen sollten gemeinsam erarbeitet werden.

Es reicht jedoch nicht, die Kinder und sich selbst nur mit erschreckenden Fakten zu konfrontieren. Nach der Problematisierung sollten die im eigenen Lebensbereich möglichen Veränderungen zur Verbesserung der Situation überlegt und umgesetzt werden. Dies sollte als gemeinsames Lernen der Großen und Kleinen gestaltet werden. So kann durch das Übertragen von Verantwortung und persönlichen Aufgaben umweltbewußtes Verhalten direkt eingeübt und die Möglichkeit und Bedeutung des Engagements jedes einzelnen zum Schutz unserer Umwelt unmittelbar erlebt werden. Um dies zu erreichen, sollte sich die Familie gemeinsam ein System überlegen, das sich in den Familienalltag integrieren läßt. Einige Beispiele für ein solches Vorgehen stellen wir auf den nächsten Seiten vor.

Mülltrenntest

Es läßt sich nicht drumherum reden, Mülltrennen ist eigentlich lästig. Deshalb solltet ihr es so organisieren und üben, daß es mehr Spaß macht.

Und damit fangen wir jetzt alle gleich an: Holt euch einen Stift, setzt euch gemeinsam hin, legt die Ohren an, und schon geht's los! Wer weiß am meisten?

Welcher Müll? Wohin damit?

Liebe Kinder, hier könnt ihr mit einem Bleistift eintragen, welcher Müll in welche Tonne gehört. Dazu sucht ihr einfach auf der rechten Seite nach der Mülltonne in die der Müll aus der Liste gehört. Auf der Mülltonne ist ein Buchstabe, und den schreibt ihr in das Kästchen hinter dem jeweiligen Müll.

Kastanien	
Eierschalen	
alte Jeans	
Walkman	
Pizzareste	
Fieberthermometer (mit Quecksilber!)	
Fahrradreifen	
Kaffeefilter	
Puppenbein	
Luftballon	
Spraydose	
Schallplatte	
Motoröl	
altes Schulheft	
Erdnußbutterglas	
alte Comics	
gebrauchtes Papiertaschentuch	
Batterien	
Medikamente	
leere Deckweißtube	
Milchtüte (mit Alubeschichtung)	
kaputtes Computer-Spiel	
Zeitungen	
Sonnebrille	
Bananenschale	
Umweltbuch	

Na, habt ihr für alles einen Platz gefunden? Sind euch auch Wiederverwendungsmöglichkeiten eingefallen? Oder gibt es noch Fragen? – Dann schaut einfach im Buch weiter vorne noch einmal nach. Da merkt ihr auch schnell, wie richtig und wichtig es ist, sich auszutauschen. Und – wer ist bei euch der Champion, der Umweltcrack?

Für die anderen heißt es: schön weiter üben!

Sogar die Oma wird Minister!

Erklärt eure Familie zum Umweltparlament, in dem jeder ein Stück Verantwortung übernimmt. Das geht ganz leicht, wenn ihr systematisch vorgeht und einen Haushaltsplan aufstellt. Teilt euch in fünf verschiedene Ministerien ein:

1. **Wasserministerium**
2. **Energieministerium**
3. **Müllministerium**
4. **Einkaufsministerium**
5. **Naturministerium**

Dann müßt ihr für jedes Ministerium einen Minister oder eine Ministerin ernennen. Minister haben vielerlei zu tun. In allen Fragen ihres Ministeriums müssen sie sich auskennen. Natürlich gibt es da immer Dinge, die sogar der Minister erst lernen muß. Daher informiert er sich und entscheidet dann, was am besten zu tun ist. Wichtig ist dabei, daß der Minister, egal was passiert, die Verantwortung für seine Entscheidungen tragen muß. Deshalb muß er alles, was er tut, auch dem Parlament erklären können.

So ist das jetzt auch bei euch: Ihr müßt für euer Ministerium sorgen, euch Gedanken machen und Pläne überlegen. Der Minister muß darauf achten, daß alle anderen im Familienparlament lernen, mit den Angelegenheiten seines Ministeriums vernünftig umzugehen. Er darf alle darauf hinweisen, wenn sie Fehler machen. Außerdem darf er auch Neuerungen einführen, bei deren Realisierung die anderen mithelfen müssen. Ihr merkt: So ergibt sich ein Netz aus „dürfen" und „müssen", das ihr selbst aufstellt und kontrolliert, und dem als Richtschnur der Schutz der Umwelt zugrunde liegt.

Wasserministerium

Fürs WASSERMINISTERIUM könnt ihr euch einiges einfallen lassen. Das wichtigste beim Wasser ist ja der Gedanke, daß es ein wertvoller Rohstoff ist, mit dem wir sparsam umgehen müssen und das wir möglichst sauber halten sollen.
Der Wasserminister hat nun verschiedene Möglichkeiten, dieser Aufgabe gerecht zu werden. Interessant ist es dafür z. B., an der Wasseruhr den Wasserstand regelmäßig abzulesen! Außerdem kann das Ministerium veranlassen, daß in den Wasserkasten der Klospülung ein Stein gelegt wird, damit nicht bei jedem Spülen so viel Wasser den Abfluß hinunterrauscht. Der Minister kann dies selber tun, er kann sich aber auch von einem anderen Familienmitglied dabei helfen lassen. Er sollte stets darauf achten, daß niemand in der Familie unnötig lange Wasser laufen läßt. Falls nötig, muß der Minister eine Sitzung einberufen, um die anderen Familienmitglieder daran zu erinnern!
Und immer loben, wenn es gut klappt! An der Wasseruhr könnt ihr den Erfolg eurer Maßnahmen feststellen: Je weniger Wasser ihr verbraucht, um so besser. Achtet auch darauf, daß keine Wasserhähne undicht sind, und nicht immer nur baden, auch mal duschen, und, und, und ...
Na, ihr Wasserminister, schon einige Ideen gekriegt, wie es klappen kann? Und immer daran denken: Ein guter Minister befiehlt nicht, sondern erklärt seine Pläne so überzeugend, daß die andern freiwillig und gerne mithelfen.

Energieministerium

Im ENERGIEMINISTERIUM gibt es auch viel zu tun. Wie beim Wasser gibt es auch hier eine „Meßstation". Lest den Stromverbrauch am Zählerkasten ab und überprüft, welche Elektrogeräte am meisten Strom verbrauchen.

Und dann geht es auch schon los mit dem Sparen: Den Kühlschrank nicht so lange offen lassen, die Resthitze beim Kochen ausnutzen, nicht unnötig Lampen anlassen, Sparbirnen in die Lampen einschrauben, nicht 5 Kassettenrecorder gleichzeitig laufen lassen, sondern lieber miteinander dieselbe Musik hören, die Heizung etwas drosseln, gezielt lüften und …

Ihr merkt, das Energieministerium birgt viel Arbeit in vielen Bereichen. Hier seid ihr sehr auf die Mitarbeit der anderen angewiesen. Und ihr werdet auch schnell merken: Lernen geht meist in kleinen Schritten! Nur Mut!

Müllministerium

Für die Leitung des MÜLLMINISTERIUMS ruft ihr euch am besten noch einmal die Erfahrungen des Mülltrenntests ins Gedächtnis. Da habt ihr ja schon gemerkt, wer von euch was weiß und wie viele verschiedene Tonnen und Kisten ihr für die vielen Müllsorten braucht. Wenn ihr noch nicht genügend Tonnen habt, müßt ihr die fehlenden besorgen. Achtet dabei darauf, daß die verschiedenen Tonnen gut zu unterscheiden und gut zu „be- und entladen" sind. Dafür, daß sie von außen schön aussehen, könnt ihr selber sorgen. Ihr könnt sie bemalen, bekleben und vieles mehr. Auch das ist wichtig, sonst mag ja niemand die Tonnen herumstehen haben.

Als Minister kannst du auch mal darüber nachdenken, wo bei euch zu Hause der beste Standort für den Kompost oder eine Wurmkiste ist. Wenn du einen guten Platz gefunden hast, kannst du dort gemeinsam mit den anderen mit dem Bau beginnen. Und wenn du als Minister nicht immer alleine alles Altglas und Altpapier wegschleppen willst, ist es gut, dir noch eine Hilfe zu suchen. Oder ihr bestimmt einen festen Entsorgungstag für eure Familie, an dem ihr alle zusammen einmal in der Woche den gesamten Müll dorthin schafft, wo er jeweils hingehört.

Einkaufsministerium

Im EINKAUFSMINISTERIUM liegt der Schwerpunkt der Aufgaben darin, auf die Verpackungen aller Waren zu achten, die ihr einkauft. Denn, wie ihr ja wißt, ist es immer besser, erst gar nicht soviel Müll zu produzieren. Hierbei spielen die Verpackungen eine wesentliche Rolle. Versucht also immer, keine aufwendig verpackten Waren zu kaufen. Für den Verpackungsmüll habt ihr auch schon etwas Hilfe von außen, da in den Läden Möglichkeiten bestehen, die Verpackungen sortiert zurückzulassen. Ihr solltet euch auch überlegen, was sich lose in Netz oder Stofftasche kaufen läßt. Bei vielen Dingen ist es heute auch möglich, sie im Geschäft ohne Verpackung direkt in Behälter packen zu lassen, die ihr von zu Hause mitbringt (z. B. eure Wurst- oder Käsedosen).
Ihr seht, vor jedem Einkauf müßt ihr genau nachdenken und planen. Vielleicht hilft euch eine Checkliste dabei, an alles zu denken.

Naturministerium

Das NATURMINISTERIUM hat zwei Schwerpunkte: Einmal ist es für alle Pflanzen der Familie verantwortlich. Der Naturminister muß sich um den Kräutergarten, die Zimmer- und Balkonpflanzen und um alles, was im Garten wächst, kümmern. Dazu gehören eine ganze Menge einzelner Aufgaben, wie gießen, umtopfen, schneiden, auf Schädlinge achten und so weiter. Dazu könnt ihr auch eure Eltern fragen. Wenn das Naturministerium noch mehr tun will, findet ihr im Kapitel „Die Umwelt schützen" viele andere Ideen. So könnt ihr z. B. die Patenschaft für einen Baum in eurer Straße übernehmen.

Als zweiten Schwerpunkt hat das Naturministerium die Planung und Vorbereitung gemeinsamer Aktivitäten der Familie in der Natur. Bringt eure Eltern und Geschwister dazu, nicht nur zu Hause vor dem Fernseher zu sitzen. Schaut euch nach Zielen um, die im Grünen liegen und die ihr auch ohne Auto erreichen könnt. Besucht nacheinander alle Parks in eurer Nähe, oder macht mal eine Fahrradtour. Vorher müßt ihr aber prüfen, ob alle Fahrräder startklar und verkehrssicher sind. Bestimmt habt ihr auch noch selbst Ideen für Spiele im Freien, die Spaß machen.
Eine weitere ganz wichtige Aufgabe des Naturministeriums ist die Vorbereitung und Gestaltung des Umwelttages. Was das ist und wie er aussehen kann, erklären wir euch jetzt.

Umwelttag

Das Naturministerium legt gemeinsam mit den anderen Ministerien jeden Monat einen Tag fest, der zum Familienumwelttag erklärt wird. Am günstigsten ist sicher ein Tag am Wochenende, weil dann alle Zeit haben und da sind. Plant für diesen Tag etwas Schönes, worauf ihr gemeinsam Lust habt und was umweltfreundlich ist – ohne Auto, versteht sich. Wie wäre es mit einem Ausflug mit Picknickkorb? Nehmt das Federballspiel oder den Volleyball mit, den Drachen oder die Badehosen, – und dann ab ins Schwimmbad. Im Winter gibt es andere Dinge, die ihr in der Natur tun könnt: Schlittschuhlaufen oder Schlittenfahren, Schneewandern, Schneemänner oder Iglus bauen (wie das geht, steht weiter vorn). Wenn euch mal nichts Spannendes einfällt, blättert einfach die vorherigen Kapitel durch, da werdet ihr sicher gemeinsam etwas finden.

Eine zweite Sache solltet ihr an eurem Familienumwelttag aber unter gar keinen Umständen vergessen: Am Umwelttag überlegt ihr euch gemeinsam, welche Aufgaben im nächsten Monat für jedes Ministerium anstehen und wie weit ihr mit dem gekommen seid, was ihr euch im letzten Monat vorgenommen habt. Nehmt euch an diesem Tag Zeit, und prüft genau, wie viele von euren Zielen ihr erreicht habt oder ob ihr die Lösung vielleicht anders angehen müßt, um Erfolg zu haben. Auch wenn nicht alles sofort klappt – nicht die Geduld verlieren und aufgeben! Das wichtigste ist, weiter zu überlegen, wie es funktionieren könnte, und den Spaß dabei zu behalten.

Interessanter wird es, wenn ihr für den Umwelttip des Monats Preise aussetzt , z.B. einen Preis für die pfiffigste Wassersparidee, die energiesparendste Art, Pudding zu kochen oder Socken zu waschen oder etwas ähnliches. Am nächsten Umwelttag ist dann Siegerehrung. Als Preis könnte euch eine besonders dicke Portion Eis winken, oder der Sieger darf sich sein Lieblingsspiel oder Lieblingsessen wünschen. Das bringt nicht nur dem Sieger Spaß, sondern auch der ganzen Familie. Und außerdem geht es so bei euch von Monat zu Monat, von Umwelttag zu Umwelttag auch umweltfreundlicher zu. Die letzten Seiten sollen euch nun helfen zu überprüfen, wie ihr mit eurem Umweltplan zurechtkommt. Ihr könnt eure Ergebnisse in die vorgegebene Liste eintragen (am besten am Umwelttag) und so die Entwicklung im Laufe der Monate verfolgen. Mit der Zeit seht ihr dann sofort, ob ihr erfolgreich wart oder nicht. Bei manchen Dingen habt ihr euer Ziel vielleicht schon nach ein oder zwei Monaten erreicht, in anderen Fällen braucht ihr vielleicht eine längere Zeit.

Die letzten Seiten könnt ihr auf verschiedene Weise gemeinsam ausfüllen. So könnt ihr in manche Rubriken einfach ja/nein eintragen oder Mengenangaben notieren oder auch genauere Beobachtungen formulieren.
Habt ihr eigene Pläne mit anderen Zielen gemacht, dann stellt eine eigene Liste auf, am besten auf einem großen Bogen Papier.
Aber wem erzählen wir das? Mittlerweile seid ihr ja selbst Fachleute für Umweltfragen. Da bleibt nur noch zu sagen: Viel Spaß!

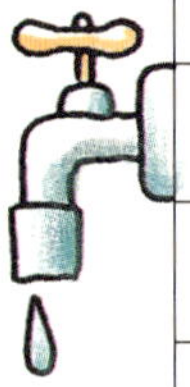

BEREICH	**1. UMWELTTAG**	**2. UMWELTTAG**	**3. UMWELTTAG**	**4. UMWELTTAG**
WASSERMINISTERIUM				
Verbrauch messen				
Wasser abstellen beim Zähneputzen				
Klostein installieren				
Hähne dicht?				
Luftdüse am Hahn installieren				
Wasser- und Spülmittelverbrauch beim Abspülen kontollieren				
Waschmaschinen voll ?				
ENERGIEMINISTERIUM				
Kühlschranktür				
Lampen abstellen				
Töpfe entkalken				
Sparbirnen installieren				
Heizung runter				
Fenster abdichten				
gezielt lüften				
Verbrauch überwachen				

BEREICH	1. UMWELTTAG	2. UMWELTTAG	3. UMWELTTAG	4. UMWELTTAG
MÜLLMINISTERIUM				
Altpapier				
Altglas				
Küchenabfälle				
Medikamente				
Weißblech				
Batterien				
Altkleider				
Spielzeug				
Aluabfall				
Farben, Lacke, Terpentin				
EINKAUFSMINISTERIUM				
Stofftaschen				
Verpackung				
Pfandflaschen				
Frisches Gemüse und Obst				
Wurst- und Käsedose				
NATURMINISTERIUM				
Autofreie Aktion				
Umwelttag				
Blumen und Garten				
Spaziergang				

Tips zum Weiterlesen

Aktion Saubere Landschaft : Meine Umweltfibel. Ein Bastel-, Mal- und Rätselbuch für große und kleine Umweltschützer. (Für 1 DM beim Umweltbundesamt, ZAD, Bismarckplatz 1, 14193 Berlin zu beziehen.)

BUNDjugend (Hrsg.): BUNDspechte und Wühlmäuse. Ein Leitfaden zur Kinder- und Jugendgruppengründung. Bonn 1992. (Sämtliche BUNDjugend-Materialien sind über den BUND-Infoservice, Im Rheingarten 7, 53225 Bonn zu beziehen).

BUNDjugend (Hrsg.): Handeln statt hoffen. Aktionsbuch Jugend und Umwelt. Göttingen 1992

BUNDjugend (Hrsg.): Nicht für die Schule, für das Leben. Leitfaden für Umwelt- AGs. Bonn 1993

Delphin-Verlag (Hrsg.): Ich weiß mehr über Natur und Umwelt. München1989

Elkington, Hailes, Kursawa-Stucke u.a.: Umweltfreundlich einkaufen. Von Shampoo bis Champagner. München 1992

Fiedler, Joachim: stop and go. Wege aus dem Verkehrschaos. Köln 1992

Fischer, Claudia und Reinhold: Komm, wir retten die Natur. München 1990

Greenteam: Jugendgruppenmappe. Hamburg 1990

Greisenegger, Katzmann, Pitter: Umweltspürnasen. Aktivbuch Boden. Wien 1989

Greisenegger, Katzmann, Pitter: Umweltspürnasen. Aktivbuch Wasser. Wien 1989

Hoffrage, Henrike: Spielend lernen mit Knud. Unterrichtseinheit Müllanfall, Müllbeseitigung und Müllvermeidung. Münster 1991

Hoffrage, Saleihan, Sander: Stutzen, Staunen, Stöbern. Spiele mit Knud, dem Umweltfreund. Münster 1992

Jugendaktion Natur und Umwelt Niedersachsen: ENERGIsch für's Klima. Aktionshandbuch. Hannover 1992

Kohlsaat, Hohenester: Knille, knalle, knüll – wohin mit dem Müll? München 1990

Kursawa-Stucke, Lübke: Das Umweltbuch für Eltern. München 1993

Kursawa-Stucke, Lübke: Der Supermarktführer. München 1991

Lohmann, Michael: Wir tun was für mehr Natur im Garten. München 1986

Naturschutzjugend im Naturschutzbund Deutschland (Hrsg.): Umwelttips für Schüler. Stuttgart 1990

Öko-test (Hrsg.): Das Umwelt-Bastelbuch für Kinder. 150 umweltfreundliche Bastelideen mit Vorlagen in Originalgröße. Frankfurt/Freiburg 1992

Reihe „Umwelt im Unterricht": Wege zur Öko-Schule. Göttingen 1992

Schreier, Köhler: Fernsehmäuse kitzeln nicht. Umweltprojekte für Kindergruppen. Mühlheim/Ruhr 1989

Singelsen- Schneider: 1001 Entdeckungen – Natur erleben durchs ganze Jahr. Zürich 1989

Stiftung Verbraucherinstitut (Hrsg.): Der umweltfreundliche Schreibtisch. München 1991

The Earthworks Group (Hrsg.): Kinder machen 50 starke Sachen, damit die Umwelt nicht umfällt. Hamburg 1991

Tierfreund Sonderheft ÖKOaktiv. Bremen 1992. (Über BUNDjugend, Greenpeace, Naturschutzjugend zu beziehen.)

Umweltbundesamt (Hrsg.): Spaß am Umweltschutz. Das Lese-, Rate-, Mal-, Spiel-, Bastel- und Ausschneidebuch für alle kleinen Umweltschützerinnen und Umweltschützer. (Kostenlos beim Umweltbundesamt zu beziehen.)

Umweltbundesamt (Hrsg.): Was Sie schon immer über Autos und Umwelt wissen wollten. (Kostenlos beim Umweltbundesamt zu beziehen.)

Veit, Wiebus: Umweltbuch für Kinder. Umweltverschmutzung und was man dagegen tun kann. Ravensburg 1986

Vester, Frederic: Ein Baum ist mehr als ein Baum. München 1986

Vester, Frederic: Wasser = Leben. Ein kybernetisches Umweltbuch mit 5 Kreisläufen des Wassers. Ravensburg 1989

Wiedmann, Heinrich: Wir tun was für den Wald und seine Tiere. München1987

Weitere Organisationen im Umwelt- und Naturschutz:

Deutsche Tierschutzjugend
Markgrafenstraße 8
44626 Herne

Deutscher Jugendbund
für Naturbeobachtung (DJN)
Buchenstraße 18
22299 Hamburg

Deutscher Naturschutzring e.V.
Bundesverband für Umweltschutz
Kalkuhlstraße 15
53115 Bonn

Greenteam Greenpeace e.V.
Vorsetzen 53
20459 Hamburg
oder Zweigbüro Berlin für die neuen Bundesländer, Hannoversche Straße 1
10115 Berlin

Landesverband für Vogelschutz
in Bayern (LBV)
Kirchenstraße 8
91161 Hilpoltstein

Rettet den Regenwald
Pöseldorfer Weg 17
20148 Hamburg

Robin Wood
Erlenstr. 34 – 36
28199 Bremen

WWF Deutschland
Hedderichstraße 110
60591 Frankfurt/M

Übrigens – auf dem Umschlag seht ihr folgende Tiere: Drosselsänger, Laubfrosch, Blaugrüne Mosaikjungfrau, Feuersalamander und Rotbauchunke, und auf der Rückseite: Biber, Wasseramsel und Haubentaucher. Versucht doch einmal, sie wiederzufinden! AlleTiere sind inzwischen schon sehr selten geworden und zum Teil vom Aussterben bedroht.

Dieses Buch wurde herausgegeben vom:

Mehr Zeit für Kinder e.V.
Fellnerstraße 12
60322 Frankfurt /M

und der:

BUNDjugend
Friedrich-Breuer-Straße 86
53225 Bonn

Autor von „Umweltschutz im Alltag. Kinder geben Tips" ist Hans-Joachim Kursawa-Stucke, der seit 1980 in Berlin an Fragen des ökologischen Alltagskonsums arbeitet. Er ist als Autor und Mitautor von Veröffentlichungen und Medienentwicklungen zu diesem Thema tätig und seit Ende 1992 selbständig. Seine Arbeitsschwerpunkte sind: Seminartätigkeit, Forschungsaufträge und ökologische Betriebsberatungen sowie Publikationen als Journalist.

Umschlagillustration:
Cornelia Funke- Frahm

Fotos: Niklas Böhm

Idee und Konzeption des Buches:
Mehr Zeit für Kinder e.V.

Verantwortliche Redaktion:
Andrea Weber und Simone Linden

Die Texte „Heiße Fährte – der Natur auf der Spur" und „Die Umwelt schützen: gemeinsam statt einsam!" verfaßte das BUNDjugend- Autorenteam:
Marc Engelhardt (verantw.), Stefanie Hoffmann und Anina Schneider.

Alle weiteren Texte schrieb das Mehr Zeit für Kinder-Team: Dorothea Egelhaaf, Bettina Gärtner, Herbert Koller, Kerstin Plein, Jan Terjung und Andrea Weber.

Layoutkonzeption und Illustration:
Tobias Borries

Lektorat:
pestalozzi-team
Manhard Schütze